楊東川——著

王后復仇記

臺灣商務印書館

本書

獻給王建寧長老、陳麗敏夫人賢伉儷：

謝謝他們的「臨門一腳」——

為我安排三個月假期專心寫作，

讓我無後顧之憂，完成本註釋，

使「八年抗戰」大功告成。

＊＊＊

本書初版之印刷費用，

承摯友旅菲名醫李文約、

高維藍醫師伉儷熱心贊助，

特此鳴謝。

自序

　　自八年前銜命註釋以斯帖記，光陰荏苒，迄今未能交卷，午夜夢迴，不勝汗顏！每接催稿書函，一則以喜，一則以懼。喜的是我華人同道，越來越多創見，名山事業，儼然有成，可喜可賀；懼的是，眼見珠玉在前，自慚形穢，敢不兢兢業業，見賢思齊？如此一來，更是不敢貿然下筆，以免貽笑大方！就這樣一拖再拖，蹉跎至今。這期間當然也因為公私兩忙，奔走於台美、兩岸三地之間，有以致之。

　　不過，在這一段醞釀的過程中，筆者並未閒著，除了陸續教學寫作之外，《歌羅西書註釋》（基督教文藝出版社出版）也已於最近付梓發行，對本書的各種新資料亦在積極搜集研讀之中，爰將讀書心得略抒一二，以饗讀者。

　　以斯帖記敘述一手無寸鐵的弱質女子，成為猶太民族免於「滅種」（genocide）厄運之民族英雄，其事蹟光耀史冊，永垂不朽。故事峰迴路轉、扣人心弦，誠為一部典型歷史小說的精心傑作。歷來提到有關本書的問題，不外下列幾項：

　　一、全書沒有一次提到上帝、祈禱，更無提到上帝和以色列的立約關係；抑有進者，全書充斥猶太主義的狹隘民族精神，受害者搖身一變，成為復仇使者，雖然快意恩仇，卻有失上主恩庇萬民的厚道，及不利先知普世宣教之呼籲。

二、以斯帖記與創世紀的約瑟故事，以及但以理書二至六章的記載，有許多耐人尋味的相似。這當然與以色列族「淪落番邦」、寄人籬下所衍生的可歌可泣史實有關，這也是猶太民族相傳以維繫其傳統的「普珥節」之所本。小說乎？歷史乎？且聽下回分解。

　　三、以斯帖記有長短不同的兩種版文。和合本的以斯帖記是按較短的希伯來文版本翻譯過來。希臘文七十士譯本的以斯帖記經文比希伯來文長得多。天主教會的拉丁文武加大譯本就是先按希伯來文版本翻譯，再把七十士譯本的六個補錄放在全書之後。有關長短經文的問題，現代學者多認為七十士譯本的補錄乃是使原書的題旨更加突顯，故有此舉。本註釋以和合本為基礎經文，再參照其他中英文譯本。

　　本書引文標出作者及頁數，並把相關的補充資料放在附錄，除了保持一定的學術價值外，也增加知識性和趣味性，更盼增加可讀性。本書寫作力求言簡意賅，節省篇幅。是為序。

楊東川

二〇〇一年初春於紐約

再版序

　　拙著初版原名《聖戰之女——以斯帖記註釋》，成書於二〇〇二年底，由天道書樓發行；雖未一紙風行，但在原出版地香港，曾被用為電影腳本，拍攝《以斯帖傳》。中國大陸浙江省溫州市也有同業複印，但僅供教會內部發行，屈指算來，已閱十年。今蒙臺灣商務印書館好意，繼拙著《聖經的故事》之後，鼓勵再版是書，特此改名為《王后復仇記》。其思維有點類似莎翁名著《哈姆雷特》，又名《王子復仇記》，其精彩處勝過馮小剛所導拍的《夜宴》。

　　筆者忝為基督教文字尖兵，平生所學多在教會內部發行，今繼《聖經的故事》之後，踵事增華，推出本書，希望成為向廣大漢語群眾介紹聖經名著的說帖。本書可作為舊約《以斯帖記》的導讀，隱含中東政治衝突的縮影，儼然中西比較文學的典範。又故事的背景普珥節是猶太人最喜愛的節日，熱鬧的氛圍相當於基督教之耶誕節加感恩節加萬聖節的總和，比諸華人之慶祝春節加中秋加端午，有過之而無不及。廣大華人或許已經忘記中秋節起源之政治顛覆性，但猶太人可沒有忘記祖先在普珥節的前夕，生死瀕於一線之間，因此《以斯帖記》的重要性，在猶太人社會之重要性僅次於摩西五經。

　　值此電子書報崛起，平面書刊式微、退避三舍之際，臺

灣商務印書館不計成本，無論市場盈虧，仍然大力支持傳統名山事業，但就這份勇氣和執著，便令人佩服和感激。但願讀者諸君，開卷有益，不枉兩岸三地文化先進的苦心。是為序。

楊東川

二〇一二年暑假於加州哈崗

聖經和古典書籍簡寫表

AB	The Anchor Bible
LCL	Loeb Classical Library (New York: G. P. Putnam's Sons, 1922)
NIV	New International Version
NRSV	New Revised Standard Version
NRSV-Gr	New Revised Standard Version──希臘文以斯帖記（書名：*The New Oxford Annotated Apocrypha*. ed. Bruce M. Metzger, Roland E. Murphy, New York: Oxford University Press, 1991.）
思高	《思高聖經》
現中	《現代中文聖經修訂版》
新譯本	《聖經新譯本》

目錄

附錄

引言

　　二〇〇〇年九月二十八日，以色列右翼強硬派領袖，前國防部長沙龍（Ariel Sharon，又譯：夏隆）強行參觀東耶路撒冷伊斯蘭教聖地奧瑪清真寺，此為位居聖殿山的全球伊斯蘭教第三大聖地，引發巴勒斯坦人擲石頭抗議，以色列軍隊開槍還擊，雙方爆發流血衝突，造成至少一百人死亡，其中絕大多數是巴勒斯坦人。

　　黎巴嫩真主黨在巴勒斯坦動亂之後，於十月十一日綁架三名以色列後備軍人，翌晨（十二日）稍早時，一群巴勒斯坦暴民闖入約旦河西岸的拉母安拉（Ramallah，又譯：雷瑪拉）警察局，將三名以色列士兵凌遲致死，並將其中一人由窗口擲下讓暴民踐踏。幾小時之後，以色列武裝直升機開始對巴勒斯坦的重要目標發動空前的攻擊，坦克大舉開向巴勒斯坦城市外圍。

　　以色列戰艦曾五度攻擊拉母安拉鎮，襲擊巴勒斯坦自治政府在當地的辦事處，包括巴勒斯坦領袖阿拉法特的辦公室、加薩地區的巴勒斯坦警察局、電台等，造成十六人受

傷。以色列總理巴拉克當天晚上會見右翼反對黨領袖沙龍，並邀請他的聯合黨合組新政府。巴拉克要求美國公開譴責阿拉法特導致中東和談破裂及暴力情勢升溫。

另外，阿拉法特隨即宣布下令總動員，以對付以色列的「侵略」，同時在當晚緊急釋放所有被囚禁的好戰組織「哈瑪斯」成員約三百五十人，準備「血洗以色列」，大幹一番！以巴雙方的衝突可能導致以巴迅速談判停火而結束十五天流血衝突的希望幻滅，使得整個中東地區情勢不穩，戰火連綿。

此外，一艘載運疑似恐怖份子的小艇十二日進行自殺式任務，在也門的亞丁港衝撞美國驅逐艦「柯爾號」，令艦身炸了一個大洞，造成六人死亡、三十五人受傷、十一名船員下落不明。喜歡充當國際警察的美國殃及池魚事小，唯恐中東和平的契機逐漸消失，以巴從此將無寧日。所幸五天後（十七日）於埃及的夏姆希克，以巴同意立即停火，雖然零星衝突不斷，隔兩日又爆發兩週以來最慘重的衝突，造成十名巴人死亡。

******

以巴亂局可謂冰凍三尺，非一日之寒，遠溯至一九四八年五月十五日以色列宣布建國，以及一九六七年的「六日戰爭」；近至一九九四年二月二十五日在希伯崙的亞伯拉罕墓

清真寺，美籍猶太裔醫生金斯坦（Baruch Goldstein）開槍把五十五名正在祈禱的群眾當場打死。金氏在一九八二年由美國移民到以色列定居，據說在悲劇發生之前幾個小時，朋友還看到他在會堂裡慶祝普珥節（參斯九21），聆聽一年一度的以斯帖記朗誦，這種習慣已經在猶太會堂裡沿襲了兩千年以上；故事的來龍去脈及猶太人如何從滅種的厄運中，峰迴路轉，消滅了波斯國境內七萬五千八百敵人，這種死裡逃生、敗部復活的經歷正是說明冥冥之中上帝的安排、攝理、眷顧的恩寵，尤其是針對以色列人救恩歷史的那部分。

中東亂象和金氏屠殺事件導致加薩地區要歸還巴勒斯坦人，成為自治區。巴勒斯坦人食髓知味，得寸進尺，要求更多的土地和自治權，故此示威衝突不斷，使得以美國為首所主催的「中東和談」斡旋會議幾乎功虧一簣、胎死腹中。

按金氏事件只是冰山的一角，一葉落而知秋，突顯出整個中東亂局的風譎雲詭，也說明以斯帖記在救恩歷史當中所扮演的錯綜複雜角色，尤其是在舊約正典中頗為尷尬的席次。就宗教的經典而言，對於基督教會幾乎書空咄咄，不足為訓；唯一與舊約其他部分有關的故事，就是有關猶太人的「天寶遺事」（即前朝往事的記載──編註），但如果把「猶太人」一詞改為其他民族，或炎黃子孫，箇中情節會讓人聯想到廿五史裡的「吳越春秋」、「焚書坑儒」等，似乎與聖經教義風馬牛不相及。

在聖經歷史中的以色列、以色列人、希伯來人、雅各

家、以色列家、猶大家、猶大人和猶太人等名詞，幾乎讓人眼花繚亂，一時還以為手民誤植，以致積非成是。其實，這些名詞有時是指一個人名，有時是民族，有時是國家、地域或宗教名稱。特別是「猶大人」和「猶太人」最易混淆和最常給人誤用。猶大人和猶大支派的人，如出一轍，南北分裂之後就是指南國的人。但被擄後，三大帝國設猶太省則超過原猶大國範圍。更要緊的，舊約宗教在以斯拉和尼希米的領導下，已收編為一個民族的宗教──就是猶太教，其信眾當然就是猶太人了（Jew，羅一16，二9、17、28，三1、9、29）。值得注意的是，以斯帖記中的猶太人末底改（二5，三5、13，四3、13～14、16，五13，六10，八1、5、7～8、16～17，九1～13）和猶大王耶哥尼雅（King Jeconiah of Judah，二6）等，一律譯為「猶大人」，這當然還是指住在猶大境內的百姓哩！

從這些舊約史書中，我們看到上帝的手在冥冥之中帶領以色列百姓出幽谷而遷於喬木，由被擄之地歸回故土，附帶一連串的偉大仁慈的事蹟；但是鐘鼎山林各有天性，有的人選擇留在異邑打拚，生兒養女，正如先知耶利米論到所有被擄去巴比倫的以色列人，如此說：「你們要蓋造房屋，住在其中；栽種田園，吃其中所產的；娶妻生兒女，為你們的兒子娶妻，使你們的女兒嫁人，生兒養女。在那裡生養眾多，不至減少。我所使你們被擄到的那城，你們要為那城求平安，為那城禱告耶和華；因為那城得平安，你們也隨著得平

安」（二十九④～⑦）。我們看到在這本書中即使是散居在異邦各省的猶太人也蒙眷佑，他們也能從九死一生的劫數中奇妙地得到逆轉，浴火重生，因禍得福。

上帝的名字雖然未在本書中提及，祂的作為卻是呼之欲出，尤其是當我們觀察到祂的指頭讓百姓化險為夷、轉危為安的細節瑣事。除了上帝的名字之外，耶路撒冷的名字也幾乎被那些樂不思蜀的猶太人遺忘了（詩一三七⑤），此情此景，情何以堪？更遑論聖殿、律法、禱告、神蹟等敬虔要素，在本書中一再闕如，雖然這些質疑亦可被禁食的禮儀稍微沖淡。好在普珥節的綿延相傳，更加確認以斯帖事件為其歷史的背景，而獲得一合理的解釋。次經《馬加比二書》曾提到末底改日，說明在公元前二世紀已遵守此節（十五㊱）。在約瑟夫的時代，普珥節要慶祝一個禮拜，方才罷休（參《猶太古史》〔*Antiquities of the Jewish People*〕11.6.13）。

此外，本書兩位男女主人翁都是出身寒微，有別於其他聖經風雲人物。與但以理及其三友不同的是，以斯帖到了異邦的朝廷之後並不特別注重食物條例；她蓄意掩藏自己猶太人的身分，只等時機成熟，參加遴選秀女的「新王后選美大會」，一舉而拔得頭籌。正如中國古代的西施、貂蟬、王昭君、楊貴妃等，她雖然沒有屈原的憂患意識，或諸葛亮的曠世奇才，但卻使用自己獨特的表達方式——或許是「掩袖工讒，娥眉偏能惑主」的翻版，以犧牲青春乃至一生的幸

福為代價，換取民族的安全、大眾的幸福。所謂「伴君如伴虎」，一有錯失，可能香消玉殞，魂歸離恨天了（斯四 16）。

至於末底改，寄人籬下，隨時不忘國仇家恨，他並沒有趙子龍的超凡武功，也沒有岳飛的忠烈之氣，充其量只不過是王佐、耶律楚材之流，以一階下囚，為人作嫁，處心積慮，為達成個人的顯達，不惜犧牲義女以斯帖。他自己的強項不屈，幾乎招致殺身之禍，且牽連誅九族之厄，他卻以激將法教唆以斯帖隱瞞猶太人的身分，並教她逐步取得王的歡心，施行斬草除根的報復屠殺。兩人成為一丘之貉，所以馬丁路德對本書甚是敵視，以為根本不應存在。

聖經的經文本身其實對以斯帖和末底改兩人的動機和思維保持緘默。我們不知道以斯帖被充作君王後宮下陳，是否出於自願。末底改不肯屈就膝下之辱又是出自何種動機，作者諱莫如深，既未平反，也未譴責以斯帖和末底改，更未以耶和華的眼光評估他們的行為好壞。作者對他們的思想、動機、態度和意圖一語不發，可以說是難為了現代的讀者，他們習慣於角色人物的刻劃，甚至對其內心意識流的活動常是瞭如指掌。不過，以斯帖的作者繼承了美索不達米亞和敘利亞—巴勒斯坦的文學傳統，對於角色的描寫是蜻蜓點水、點到即止的。在希伯來文學敘述中，角色的活動通常僅是經過行動和言語來顯示的，讓讀者費盡心機去猜測主人翁的動機和意圖。非常典型的希伯來文學敘述風格，以斯帖記的脈絡

發展，峰迴路轉，都是歷史事件的平鋪直敘，而不加解釋或說書人的評語。有心的讀者看到的是道德曖昧的沉默，真是「身後是非誰管得？滿街爭唱蔡中郎」，以斯帖和末底改的所作所為，歷史自有公論；至於其動機和意圖，何勞閣下費心？

如果本書作者蓄意不提上帝的名字，可能更有屬靈的用意，這是一種「羚羊掛角，無跡可尋」的大手筆。上帝要拯救以色列人，可以派十萬天兵天將，亦可以藉著自然與歷史的過程來促成，但亦可以船過水無痕地大功告成。在以斯帖記裡所敘述的史事中，似乎沒有一點超自然的神蹟奇事。但是全部的過程就是一件神蹟！上帝保護祂的子民化險為夷、反敗為勝。在以斯帖記輕描淡寫的表面，蘊藏著隱晦的主題如：種族仇恨、「誅九族以致全民」的威脅，以及過度自負、傲慢與虛榮的邪惡。這些經過抽絲剝繭後的內涵，值得有心的讀者咀嚼涵泳，做進一步的探討。

導論

I
以斯帖記的地位和詮釋史

以斯帖記、路得記及約拿書是舊約中膾炙人口的三部傳記，惟後者列入了先知書中。本書是希伯來文聖經中第三部分——「著作」（Ketubim，又稱「書卷」或「聖卷」）——的經卷之一。在「著作」中，以斯帖記又屬「五小卷」（Megilloth，音譯：「彌基錄」，意即卷軸）之一，其他四小卷是路得記、雅歌、傳道書和耶利米哀歌。五卷書分別與希伯來人的五個節期有關：

雅歌——逾越節（慶祝出埃及）。

路得記——五旬節（慶祝小麥豐收）。

傳道書——住棚節（慶祝葡萄豐收）。

耶利米哀歌——亞畢月九日（紀念耶路撒冷在公元前五八七年失陷）。

以斯帖記——普珥節（紀念全民蒙拯救）。

在五卷書中只有以斯帖記直接與節日有關，其他經卷對節日的涵義只是象徵性的。雖然哀歌用於亞畢月的贖罪日

非常適合，但傳道書並不十分貼切住棚節的意義；雅歌與路得記用於逾越節與五旬節，也只是取其五穀豐登的情緒和氣氛。所以，以斯帖記被稱為「詩卷典範」（The Megilla par excellence）。無疑，它是舊約五小卷中最重要的一卷，因為「卷軸」一詞原是專指本書（《他勒目》的〈以斯帖經卷〉就叫 *Megillah*，內容是有關普珥日的各種儀節），後來才彙為五卷。以斯帖記是普珥日必誦之經卷，但因這節期是最後才加進猶太教曆的節令，出現甚晚，故不見載於其他舊約書卷中。

以斯帖記的地位和價值一向為猶太人和基督徒議論紛紛。以斯帖記在公元九〇年雅麥尼雅會議（the Council of Jamnia）才被接納為猶太教的正典，成為希伯來聖經的壓軸卷，雖然尚有些拉比提出以下批評：

（一）本書沒有提及上帝的名字；以斯帖獻身異邦君王，與非猶太人結婚；普珥日源自異教節期。

（二）以斯帖記是唯一沒有在死海古卷中出現的舊約經卷。

在公元三〇〇年左右，拉基司拉比（Simeon b. Lakish）認為本書的重要性僅次於律法書，應在會堂裡與律法書平起平坐，等量齊觀。十二世紀的著名猶太經學家梅蒙尼茲（Maimonides）也認為本書應緊貼五經之後。本書在拉比傳統備受重視，米大示解經集（Midrash）十分推崇本書的屬靈

意義，儘管上帝的名字未被提及，但本書載有禁食的事，而禁食向是猶太人宗教傳統的禮儀。拉比們也發現希臘文譯本的補錄經文，有祈禱及釋義，具有助加重屬靈分量。

故此，本書成為最受猶太人歡迎的書卷之一。許多米大示解經集應運而生。除了摩西五經以外，只有以斯帖記具有兩本亞蘭文意譯本（Targums，附有解釋的）。可能因為以斯帖記是普珥節的指定經文，它的中世紀手抄本比其他希伯來經卷都多。本書使得瀕於生死存亡的猶太族群找到慰藉的根據、歷史的註腳及盼望的本源，故而輾轉吟誦、薪火相傳，並不稀奇。當山窮水盡疑無路時，總有柳暗花明又一村的經歷。人的盡頭、神的起頭，這在人類歷史裡總是屢試不爽的。

基督教方面，西方教會把本書納入第四世紀所訂定的正典經目中。但是在東方教會中，經過數百年仍未普遍為人接納。亞他那修（三六七年）認為以斯帖記充其量只能享有「次經」的地位。不過，西方教會一直根據希臘文版本來看以斯帖記，而這版本有提及上帝名字的補錄經文，其中還有祈禱和釋義，屬靈價值遂比較明顯。

在宗教改革時期，馬丁路德首先發難，他以為書中缺乏宗教價值（注意：改教家們大都重視希伯來文版本，把希臘文版本和補錄等視為次等），而狹隘的民族主義色彩濃烈，以致殺氣騰騰、血腥滿佈，使得歷代的詮釋者頭痛不已。在基督教會的首七個世紀，此書已多方受質疑，甚至連一本註

釋書也闕如。就我們所知，加爾文從未傳講以斯帖記，在他的聖經註釋中，本書也就缺席了。馬丁路德把本書連同《馬加比二書》一起棄如敝屣，他說：「我與《馬加比二書》和以斯帖記不共戴天，但願它們從未存在過，因為它們猶太味道太重，而且充滿異教的不道德元素」（*Table Talk*, xxiv）。

雖然如此，在教會歷史中，從教父革利免（A.D.100）起，也有人重視本書的價值，認為教會是新以色列人，上帝必保守拯救祂的百姓，所以，以斯帖的信心足跡可作楷模。中世紀羅馬天主教會也常以哈曼為惡者的化身，在宗教繪畫與雕刻中成為罪惡的表徵。梵蒂岡西斯汀教堂的祭壇牆上，一邊是曠野的銅蛇，預表基督的救恩，另一邊是哈曼掛在木架上，表明罪惡的失敗。所以雕刻大師米開朗基羅，按照拉丁詩人但丁的著作，刻劃哈曼陰毒的容貌，足以亂真。又有十七世紀西班牙戲劇家維迦（Lope de Vega, 1560－1635）曾有以斯帖劇作演出。法國悲劇作家拉辛（Jean Baptiste Racine, 1639－1699）在一六八九年寫的悲劇《以斯帖記》就被雨果譽為高超美妙的作品。十八世紀聖樂家韓德爾也把本書故事譜成樂曲；這些都反映教會對本書的重視。

在宗教改革以後的兩個世紀中，天主教與更正教不斷爭論誰才是受逼迫的以色列人。教會飽受政治與社會的壓力之後，又再重現以斯帖記的信息，以為書中所反映的真理，與之心有戚戚焉。以色列民族遭受迫害，真是冰凍三尺，非一日之寒，其來有自焉。從埃及的法老、波斯的哈曼，甚至德

國的希特勒,以及數不清的反閃健將,都不遺餘力地想除之而後快。在二次大戰時的德國集中營裡,以斯帖記是禁書,但是它對猶太人「民族魂」的鼓勵,具有起死回生的效果。上帝的子民好比「百足之蟲,死而未僵」,正如保羅所說:「我們四面受敵,卻不被困住;心裡作難,卻不至失望;遭逼迫,卻不被丟棄;打倒了,卻不至死亡」(林後四⑧~⑨),猶太民族的奮鬥史確實是上帝偉大救恩的體現。

II
流亡文學

　　二〇〇〇年十月十二日諾貝爾文學獎的桂冠終於首次臨到炎黃子孫的身上。高行健的成就是普世華人的光榮，但他今天的成就與法國創作環境和法國文化部在七年前給他的肯定──頒授「藝術與文學騎士勳章」──分不開。耐人尋味的是，這位早於天安門事件之前就選擇去國自我流放的小說家兼藝術家，是以何等的文學魅力讓他的作品獲瑞典藝術學院的青睞？論者以為中國大陸現存的作家當中，不乏可以和高氏分庭抗禮的大手筆。高行健之所以能「十年寒窗無人問，一舉成名天下知」，箇中不乏政治信息的釋出，其躋身流亡文學的事實間接有助高氏得此殊榮。

　　公元前七二二年，北國以色列亡於亞述以後，南國猶大感到脣亡齒寒，只能委曲求全，勉強殘喘一百三十六年，終於在公元前五八六年亡於新巴比倫帝國。被俘巴比倫的包括數以萬計的王族、軍隊、祭司、商人、手工藝者和歌唱家等，被運走的金銀財寶更是難以計數。他們在亡國後散居在居民之中，組成猶太人區（ghetto）。亡國的最大悲劇包括

京城和聖殿化為灰燼。先知耶利米目睹慘狀，作了哀歌（二[1]～[18]，另譯）：

雅偉〔即耶和華〕烈怒爆發兮，烏雲壓城，
華城耶路撒冷兮，頃刻沉淪，

拋棄自己聖殿兮，聖怒如焚……
錫安父老坐地兮，默默無聲，
彼等身穿麻衣兮，頭蒙灰塵，
少女垂頭喪氣兮，伏地惜惜。
耶路撒冷城牆兮，向主呼求，
眼淚猶如江河兮，日夜湧流！
夜以繼日憂愁兮，哭泣不休！

　　被囚巴比倫的猶太人坐在敵人的河邊，念天地之悠悠，
望故鄉之遙遠，不覺潸然淚下。被擄於巴比倫的流亡詩人寫
下哀歌（詩一三七篇）道：

我們坐在巴比倫河邊，
一想起錫安就禁不住哭了！
在河邊的柳樹上，
我們把琴掛起來。
俘擄我們的要我們唱歌；
折磨我們的要我們奏樂。
「來為我們唱一首錫安的歌吧！」

處身異國，我們怎能唱雅偉的歌？

耶路撒冷啊，如果我忘記了您，

就讓我的手枯萎，再也不能彈琴！

如果我不記得您，

不以耶路撒冷為最大的喜悅，

就讓我的舌頭僵硬，再也不能唱歌！

雅偉啊，求祢記住以東人的醜態，

當耶路撒冷陷落時，他們喊道：

「拆毀它，拆毀它，把它夷為平地！」

巴比倫啊，你將要崩潰、毀滅！

祝福那消滅你——如你消滅我們的人！

祝福那拿起你的嬰兒摔在石頭上的人！

　　這是對他們的俘囚中（586－539 B.C.）的生活情景和情緒的描繪，家國之恨躍然紙上。希伯來人善於彈琴唱歌，但在亡國之後，坐在敵國的河邊，故國的情景記憶猶新，又怎能歌唱盛時歡愉的「錫安之歌」呢？有關這種「流亡文學」的作品，在中國文學史上屢見不鮮，遠的不說，八年抗戰，山河破碎，便逐漸形成這種家國興亡的感慨，所謂「瀚海風砂埋舊怨，空山煙雨織新愁」便是梁羽生式的「民族正氣詩鈔」之一。

　　歌詠「金陵王氣黯然收」最有名的作品當屬清初孔尚任在《桃花扇》中的〈哀江南〉套曲：

俺曾見金陵玉殿鶯啼曉，秦淮水榭花開早，誰知道容易冰消。眼看他起朱樓，眼看他宴賓客，眼看他樓塌了。這青苔碧瓦堆，俺曾睡風流覺，將五十年興亡看飽。那烏衣巷不姓王，莫愁湖鬼夜哭，鳳凰台棲梟鳥。殘山夢最真，舊境丟難掉，不信這輿圖換稿。諷一套哀江南，放悲聲唱到老！

「亡國之音」既然充滿悲情和懷舊，為什麼猶大亡國後，在文化上還能有所發展，而且比以前厲害？這也許是猶大國人民的特殊命運。比起一百三十六年前以色列國亡於亞述時的命運該是幸運得多了。被亞述擄去的大批以色列王族、臣民大多受到虐待、屠殺，倖存的也散居各處，不能聚居在一起。以色列的故都撒瑪利亞等城被亞述的移民所佔，「亞述王從巴比倫、古他、亞瓦、哈馬和西法瓦音遷移人來，安置在撒瑪利亞的城邑，代替以色列人」（王下十七24）。殖民政策徹底破壞了以色列人的文化，他們彷彿在歷史上湮滅了，西方史家稱之為以色列在沙漠裡「遺失的十個支派」，他們後人的身分一直困擾著學者們。

新巴比倫帝國的政策卻不同，他們讓猶大國被俘的人分散而聚居在幾個地點，雖然沒有政治上的權力和自由，這些人卻能過著半自治的生活，可以有自己的長老作審判官，在猶太人的內部事務中排難解紛，並保留風俗習慣、宗教儀式和禮法等。他們可以擁有房屋，自謀生計，其中有的「個體

戶」甚至家財萬貫，安得廣廈，設置花園。次經裡面有篇短篇小說，叫〈蘇撒拿傳〉，正是反映這種小康家庭的情況。

小說反映現實，猶太人在巴比倫各地的居民中，雖然沒有政治地位，卻過著半自治的集體生活，還可以經商致富。他們不但保留固有的傳統，還能在其他文化中吸取新知，發展自己的文化。猶太人的祖宗於一千幾百年前從巴比倫走出去，沿著肥沃新月之地到巴勒斯坦去；現在成為俘虜，又回到巴比倫，對巴比倫文化的浸潤，是不會太不習慣的。巴比倫和猶太人的宗教信仰雖有不同，但並未強迫猶太人改宗，所以猶太人在流亡中也能發展自己的文化。此其一。

其次，新巴比倫的統治者那時只熱心於東征西討，兩眼只盯住阿拉伯北部的綠洲、新月的沃土，竟忘記了「螳螂捕蟬，黃雀在後」，另一大帝國正在崛起。亡了猶大後，不到半個世紀，曾經不可一世的巴比倫也自身難保了，幾乎兵不血刃，沒有抵抗，拱手就亡給波斯帝國。為何那樣大的新巴比倫帝國，既能消滅虎狼之亞述，卻不能逃過波斯的鐵蹄呢？一因多年征戰，國力消耗過甚，軍民疲憊不堪；二因顧前不顧後，易被波斯乘虛而入，一舉攻下；三因猶太裔軍人試圖雪恥復國，寧願效勞敵人的敵人，實行裡應外合，內外夾攻，新巴比倫就應聲倒了。波斯國從此就取新巴比倫而代之，巴比倫的俘囚又換了主人，歸波斯支配了。

波斯王古列（或譯：居魯士、塞魯士）聽從猶太人的請求，讓他們回國去修復聖城耶路撒冷和聖殿，一則為報答猶

太人在征服新巴比倫之役中的功勞；二則讓這個附庸國做它西征埃及的橋頭堡。因此，猶太人在波斯的統治下雖然沒有獨立的政權，但在文化上卻可以自由發展。猶太教的進一步完成，就在此時（公元前第五、四世紀）。祭司是國內的最高統治者，耶路撒冷成了教權政制的首都，猶太民族成了神權政制的城邦，祭司是文化的嚮導。他們整編經典、整頓教規、宣傳律法，大大地提高了猶太教的素質和地位。

波斯是當時中亞的第一大國，它的版圖東至印度河，西迄地中海東部沿岸，包括埃及和中亞細亞。它又是文明古國，祆教正在此時興起，它的教義——光暗之戰的二元論對猶太教義也有深遠影響（參附錄六：「祆教」條）。猶太人的「末世論」、光明與黑暗作殊死鬥、撒但的出現與興風作浪等，都是波斯祆教影響的明證，雖然基督信仰始終強調雅偉至尊無上的主權，而且撒但的結局早已命定（啟十二 9～10），但上帝與撒但的衝突，乃是末世無法避免的過程。

從文學的角度看，民族的苦難有時反能激起更豐碩、更進步的創作力，所謂「殷憂啟聖，多難興邦」。我國有「文章憎命達」、「詩窮而後工」的說法，也可適用於其他民族。猶太人的流亡和流亡文學，也可證明這點。希伯來聖經的最後編訂是在流亡以後，其中的第三部分「詩文集」全是流亡後的作品，如約伯記、雅歌、傳道書、哀歌、以斯帖記、但以理書等名山之作，以及次經、偽經、死海古卷也都是流亡後的作品。不過在編訂的過程中，攙入了一些當時的

新資料。全部希伯來聖經在這時方才大功告成。

以斯帖與約瑟、但以理和猶滴的比較

　　以斯帖紀事本末堪與其他淪落異邦朝廷的猶太人故事分庭抗禮，特別是約瑟生平（創三十七～五十章）、但以理書和《猶滴傳》。約瑟一生的風雲際會，可能為以斯帖記的作者立下楷模，兩者都是講述身陷番邦朝廷的猶太人如何披荊斬棘、出幽谷而遷於喬木的故事。在兩個故事當中，主人翁與王室的關係，導致民族的起死回生：對於約瑟來說，是其父家；對以斯帖而言，為其猶太民族。兩個故事都涉及隱瞞身分：約瑟的兄長被蒙在鼓裡；以斯帖則隱瞞其籍貫。最為耐人尋味的是故事多次展現幾乎雷同的敘事方式，如以斯帖記六章[11]節和創世紀四十一章[42]至[43]節：

以斯帖	約瑟
於是將朝服給末底改穿上	給他穿上細麻衣
使他騎上馬走遍城裡的街市	又叫約瑟坐他的列車
在他面前宣告說	喝道的在前呼叫說

　　唯其差異也非常重要，約瑟將故事的否極泰來歸功於上帝（創四十五[5]～[8]，五十[19]），這在以斯帖記裡完全闕如。因此，最好假設以斯帖記的作者知道約瑟的故事，以此打根基建構他的故事，而決非單純向壁虛構。

也有人把以斯帖記和但以理的故事相比，尤其是但以理書二至六章的王朝紀事本末。兩者的雷同很明顯，大家都是有關猶太主人翁身陷異邑王朝的光景，儘管仇敵千算萬算，最後仍然失算，主人翁得以晉身君王左右，成為心腹重臣。兩個故事都表現了對外邦君主的效忠——耶律楚材式的「委身侍敵」，並且在散居的處境下，猶太人仍能爭得榮華富貴。不過，這些雷同之處並不證明兩者的關係，而是反映王朝紀事的寫作風格乃為當時猶太聽眾量身定做的故事題材。

　　至於兩個故事的區別及結局，均令讀者吃驚不已。但以理書的主人翁是一個敬虔的猶太人，謹守潔淨條例（一⑧～⑯），一天數次面向耶路撒冷禱告（六⑩），並與同儕守住身分，富貴不能淫，貧賤不能移，威武不能屈。抑有進者，在每項挑戰和壓力中，但以理和朋友都能全身而退，上帝每次都積極介入，幫助他們解夢（二⑲～㉓，四⑲～㉗），提供神祕的文字（但五⑤、㉔～㉘），甚至在緊急關頭解救他們脫離熊熊大火和獅子的口（三㉔～㉙，六⑳～㉓）。但以理書紀事本末的信息很明顯：猶太人雖可以苟全性命於亂世，在外邦人手下飛黃騰達，但必須好自為之，自求多福，過著敬虔嚴謹的生活，使得上帝直接為他們出頭。這與以斯帖記大異其趣，在以斯帖記中，猶太教的繁文縟節並非關鍵所在——如果上帝真的無所不在，祂卻是隱而不出，人的行動才是施行拯救的主要工具。

　　能和以斯帖記一較長短的是次經的《猶滴傳》。這是一

篇表達愛國思想的著名小說。通過猶太女子猶滴捨生忘死、計殺敵軍統帥的故事，作品謳歌了希伯來人不畏強敵的英雄氣概，揭示出只要奮起抗爭，弱國寡民也能戰勝虎狼之國的道理。《猶滴傳》的作者應該知悉以斯帖記的存在，故此如法炮製了另一位「容貌豔麗，語言聰敏」而且深富民族意識、愛國情操、自我犧牲精神和克敵制勝能力的巾幗英雄。雖然二者皆為「歷史小說」，但《猶滴傳》的歷史「紕漏」比以斯帖記多，舉例來說，《猶滴傳》把公元前六世紀的巴比倫王尼布甲尼撒當作是亞述王，且說他的首都設在尼尼微！

以斯帖和猶滴都是拯救猶太人於異族的毀滅之手的民族英雄。不過猶滴和以斯帖的為人卻又大大不同！猶滴是敬虔的弱質寡婦，她秀外慧中，美貌尚屬其次，敬虔更是要緊。當她的家鄉彼土利亞山城在亞述軍圍困之下，十分困苦、滴水不進時，猶滴便在哀禱之後挺身而出，夜奔敵營。猶滴住在敵軍營中一連三夜上山祈禱，齋戒沐浴。以斯帖卻未見有這些舉動。末了，當敵帥意圖染指，猶滴便盛裝赴宴，把敵人灌醉，然後割下其頭顱，裝在袋裡，施施然走出軍營。相反，以斯帖以秀女遴選入宮，失身於外邦強敵，雖非自願，卻不無遺憾！猶滴智勇雙全，夜奔敵營，取敵首級，如入無人之境，這個孤身女子智殺敵帥的傳奇故事，彷彿有意補充了以斯帖品格上的瑕疵。

十九世紀義大利劇作家賈科美蒂把《猶滴傳》搬上舞

台，該劇的演出「引起觀眾的狂喜」，扮演猶滴的女演員里斯托麗每唱劇中的某支聖歌時，「都激起暴風雨般的掌聲」（見《馬恩全集》第十二卷，頁697，恩格斯所撰〈1859年的歐洲〉一文）。近代西班牙劇作家維迦、法國劇作家拉辛，都曾將以斯帖記改編成劇本，由此可見以斯帖記和《猶滴傳》對世界文化的重大影響。

III
作者和日期

　　以斯帖記的作者和日期迄今仍屬語焉不詳，因為書中未有透露。猶太史學家約瑟夫（《猶太古史》11.6.1）及早期教父亞力山大的革利免聲稱本書作者為末底改。猶太法典《他勒目》則只說本書為大公會之議員所撰述，此人是末代先知和末期拉比文學學者之間一位不見經傳的人物（〈論最後一道門〉〔*Baba Bathra*〕15a）。無論如何，本書作者幾乎肯定是一個住在巴勒斯坦以外、處於波斯治下，並熟悉書珊和波斯王宮之「大隱隱於朝」的猶太人。

　　本書作者敘述「本事」似乎是以「白頭宮女述說天寶遺事」的姿態話當年。整卷書的開宗明義為一章①節：「亞哈隨魯（即薛西斯，參「補錄甲」第①節註釋）作王」，暗示本書寫成於薛西斯登基後多年，接著原文和英譯有同位格片語說：「這薛西斯當時管轄的版圖，共計一百二十七省」，似乎有意區分以斯帖記的薛西斯與其他同名的君王。另一同名的君王即其孫薛西斯二世，他曾於公元前四二四年統治波斯僅僅四十五天。故此，假如同位格的片語包含於此，旨在

區別薛西斯一世和二世祖孫二人，本書便當書成於公元前四二四年之後。不過，那一句話也可能只是間接地鎖定薛西斯為統轄某範疇版圖的波斯國君，此外不作第二人想。如同近代作者以類似的筆法介紹羅斯福總統為「統治緬因州到加利福尼亞州，共計四十八州」，這只單純界定一項特殊的歷史事實，就是羅斯福當美國總統的時候，那時美國僅有四十八州，但並未透露這項聲明是何時發表的。

有關以斯帖記的寫作日期，言人人殊，例如包德雯（Baldwin, 49）認為是在公元前第五世紀中葉或第四世紀初期，亦即事件發生後約一百年之內寫成的。包德雯提出幾項理由：一、作者熟悉書珊的地理和王宮，細節與考古學的證據符合；二、學者研究文體，發現許多波斯和亞蘭用語，但很少希臘字，所以必在希臘時代之前，大約是在公元前三二三年亞歷山大大帝征服波斯，希臘文成為國際語言之前；三、以斯帖記的希伯來文體與歷代志上下的文體相似，後者的成書日期也被定為波斯時期的二百年（539－323 B.C.）期間。

大多數現代學者主張本書成於公元前第四或甚至第三世紀。這是基於希伯來文的特殊文學風格，霍士（Fox, 140）就將成書日期定於公元前第三世紀。雷文森（Levenson, 26）認為本書對於一位外邦君王的積極態度，極不可能是殘民以逞的西流古王朝（Seleucus I）統治敘利亞及其他亞洲區域之時或之後（約198 B.C.），故應是公元前第四或第三世紀。

布希（Bush, 297）認為該書的現存面貌乃是編纂過程的結果，故將日期訂為公元前第四世紀。

本書的古希臘譯本於公元前一一四或七八年在耶路撒冷完成，意味著希伯來文版本已存在多年，並已風行一時。先前的希臘文版本可能早在希臘化時期已經問世。整體來說，把寫作日期定為介乎公元前五世紀末到三世紀之間（即波斯時期末葉或希臘時代初期）是較穩健的。

有關日期的問題，必須考慮兩種證據：

（一）外證：沒有一位基督紀元以前的作者提到以斯帖，新約聖經也未見提及。本書存在的最初證據是希臘文的七十士譯本。約瑟夫大量引用七十士譯本的以斯帖資料，又毫不保留地將之包含在久被奉為神聖的二十二本經典裡面。顯然，七十士譯本的以斯帖記存在於基督紀元之前，但這譯本的面世時間卻是一個謎（公元前二世紀？）。更令人語塞的是次經《便西拉智訓》（約180 B.C.）的反面見證，這是許多學者用來建立這希伯來故事的最早可能日期。便西拉在他的〈讚揚諸列祖〉（四十四～四十九章）裡列舉各時代救國救民的先賢，但未有提到末底改或以斯帖的名字，似乎暗示本書不存在，或至少在公元前二世紀初葉，在巴勒斯坦尚未廣為人知。不過，這樣的推測得小心從事，特別是鼎鼎大名的律法師以斯拉在清單中也是榜上無名的。

（二）內證：無獨有偶地，本書內有關日期的記載也是撲朔迷離的。薛西斯的光榮統治史僅以過去式一筆帶過，仿

如暗示這是一段漫長的「想當年」的光輝歲月（一[1]、[13]～[14]，四[11]，八[8]，十[2]）。又作者對波斯歷史年代的模糊認知，反映在末底改和以斯帖的歲數一節，可見他是活在該故事發生以後相當長的時間。此外，猶太人被描述為「散居在王國各省的民中」（三[8]），顯示這種浪跡天涯的「散居」已非一日之寒的事實。如此，本書的成書當是在波斯時代的末期（538－333 B.C.）；至於是否到了希臘時代的初葉或馬加比時代，尚有待其他資料來評定。整本書的精神指向一種猶太人民對其族群和文化的危急存亡之秋所產生的憂患意識，導致對外邦人的痛恨和苦毒。

這些考慮衍生了兩種流浪的看法。許多學者追隨史賓諾莎的說法，相信本書的歷史背景是馬加比揭竿而起，率部反抗安提阿古四世企圖將希臘文化強加在巴勒斯坦人民身上的過程（168－165 B.C.）。哈曼就是安提阿古四世的化身，後者的政策與哈曼一樣（參三[8]），順我者生，逆我者亡，剷除一切非我族類的元素（《馬加比一書》一[41]～[50]）。哈曼的斬草除根諭令（三[12]～[15]），有如安提阿古反猶的措施，好使其希臘化的運動暢行無阻（《馬加比一書》三[34]～[36]）。抑有進者，以斯帖記三章[8]節所描述的猶太人情況反映了希臘化時期的散居狀態（參太二十三[15]），加上之後的歸化猶太群體的運動（八[17]，九[27]），提醒讀者注意希臘化時期強制反教的舉動，引起猶太人群起反抗，抵制安提阿古除去割禮記號的政策。

如此一來，許多學者將本書的日期定於馬加比時期祭司馬他提亞（Mattathias）的三個兒子猶大（*活躍於166－160 B.C.*）、約拿單（*160－142 B.C.*）和西門（*142－134 B.C.*）領導猶太人爭取自由的時期，那時他們收復了耶路撒冷，重建聖殿，獲得宗教自由，且建立了獨立的猶太國。這裡還牽涉到普珥日在《馬加比書》內特別獲強調的事實（例如《馬加比二書》十五 36 ），反映在公元前五〇年左右才多加倡導，所以必在不久之前始有正式的記述。因此推論本書寫成於馬加比時代，即約公元前二世紀初。

　　不過，猶太人乃為存亡絕續而戰，而非為宗教而戰。書中隻字未提耶路撒冷或任何巴勒斯坦的地方，連暗示都沒有。最重要的是猶太人的盼望不在「猶賊不兩立」的愛國排他主義，而是在於爭取異族權貴的恩寵，所謂「象憂則憂，象喜則喜」。這些事實抵制了以馬加比時代為答案的簡易定論。

　　綜覽所有討論分析，學者傾向於波斯時代末葉（*公元前四世紀*）。因其反映猶太人散居天涯海角的歷史情境，加上作者對波斯文化耳熟能詳，對波斯王宮瞭如指掌，這些都增加了上述日期的說服力。便西拉有意略過以斯帖，可能是由於本書和普珥日都源自東方的散居區域，而巴勒斯坦的猶太人一直到馬加比時代才熟悉此歷史掌故，並轉化為表達如夢初醒的愛國情操之適當工具。死海古卷獨缺以斯帖記抄本及其評註，亦可作如是觀。

IV
以斯帖記的歷史性

以斯帖記的作者使用了聖經中歷史書卷的希伯來式開場白（*wyhy*，等於說故事時的「從前……」：once upon a time），與約書亞記、士師記、撒母耳記，甚至以西結書和約拿書一樣。作者顯然要讀者相信故事內容是真有其事，並非子虛烏有、憑空杜撰的小說家言。即使如此，有關書中內容的歷史真確性仍不時有人提出質疑，其理由如下：

（一）王后的芳名瓦實提和以斯帖，與希羅多德所寫薛西斯（即亞哈隨魯）的王后為阿美斯翠（Amestris）不符。

（二）如果末底改是與公元前五九七年的約雅斤同時被擄巴比倫（見二⑥），在亞哈隨魯大宴群臣的時候（在位第三年，一③，即484 B.C.），他已是超過一百二十歲的老人了。

（三）亞哈隨魯的版圖與其他資料所顯示的頗有出入。一章①節說一百二十七個行省，可希羅多德和亞哈隨魯之父大利烏（或譯：大流士）統治期的「貝希斯頓銘文」（Behistun Inscriptions）卻分別說二十和二十三至三十

個行省。雖然大利烏的銘文所載數字不一，但卻未接近一百二十。但以理書則說大利烏立一百二十個總督治理通國（但六①）。

（四）波斯國君固然不免「寡人之疾」，但他們立后大多來自王親國戚、大臣女兒，或名門之後、外國公主，像以斯帖這樣一個小家碧玉，連籍貫宗教都不敢告人的猶太女子，一朝選在君王側，簡直匪夷所思。更何況她又是被擄之人未底改的叔叔之女兒，當時的年歲該已人老珠黃、徐娘半老，焉能獨得君王垂青，豈非撒拉再世（參創二十章）？

（五）宣布「君無戲言」的諭令，在那時聖經以外尚無所聞（中國的春秋戰國時期例外）。

（六）從聖經其他經卷來看，波斯王朝一向對猶大人非常寬厚，亞哈隨魯王怎會見財起意，因哈曼應許捐一萬他連得銀子給國庫（三⑨），就不顧一切容許將猶大人滅宗滅種？

（七）更令人難以置信的是，這位籠絡天下眾百姓於天子腳下的君王，竟容許猶大人在京城連續兩日殺八百人（九⑥、⑮），在各省殺七萬五千人（九⑯）。雖然哈曼咎由自取，但「好漢做事一人當」，說什麼也不至於誅九族，甚至罪及無辜啊！何況這些人是一向寬待各族群的波斯君王的百姓啊！

上述理由不難一一化解。正如其他聖經故事一樣，以斯帖記以生花妙筆鋪陳一樁震撼人心的歷史事件。那些一心一

意要捍衛本書歷史性的人，對於其極高深的文學造詣——敘事條理清楚，人物性格顯著，故事峰迴路轉、扣人心弦——等視若無睹；至於那些孜孜矻矻把本書當作虛構文學的人士，儘管以斯帖記以歷史形式來寫作，記述了君王的名字、日期、地點和事件的來龍去脈，偏以其內涵和價值超越歷史的枝節而掉以輕心。

　　幸好尚有人願意接受本書有一歷史事實為核心，而這事實是源自東方某地區一年一度在亞達月十四日慶祝普珥節，因而從公元前二世紀中葉以後流傳的「豔后復仇記」。普珥節是歷史事實，但以斯帖、末底改等卻是小說家言，如此合成的是一篇膾炙人口的歷史小說（詳見James Hastings. ed., *Dictionary of the Bible*. New York: Harper, 1963, 174:"Esther"；丘恩處，《舊約概論》，頁406－407）。

　　這種看法讓我想起三百六十六年前一個德意志的山莊倖免於黑死病的災難後，全村老少一同向上帝許願每十年排演一次受難節，並動員鄰近村民六百人共襄盛舉，迄今已演出三十七次。該村莊四面環山，白雪皚皚，湖光山色，相映成趣，每年吸引眾多遊客來此觀光，並重溫耶穌基督最後一週的生平與教訓；這就是舉世聞名的歐伯仁墨高（Oberammergau）的神劇。如果我們只肯定該地該事件為歷史事實，而忽略了所排演神劇《耶穌最後一週》的真實性，就不啻是買櫝還珠，捨本逐末了。

歷史小說的性質

以斯帖記是一本比許多史書還要真實的「歷史小說」。歷史是什麼？可能只是一塊石碑、一堆瓦礫、一些埋在地下的陳年事蹟……無聲無息地訴說著那已經消逝的過往。

可能有許許多多文獻可徵的記錄，在時間的巨流中，不斷地被改寫著。歷史的逼真性不可能百分之一百，殘存的事物不會說話，而言說的文字永遠無法表達當時的情境，因為情境是無法再現的。

然而，人類總是絮絮不休地談論著歷史、描寫著歷史，而且都以為自己的方式為最可靠、最忠於歷史。文學以它自己獨特的形式書寫歷史。當文學以歷史素材為題材時，最能顯現自身的特色。文學並不企求描述真實的歷史事件，它只不過借歷史來表現作家的情感。更確切地說，文學中的「歷史」，一經作家的生花妙筆、藝術加工，就必然具有超越歷史本身的意義，而與時代或與作家的個性發生緊密的關聯。讀者很難從文學中去掌握歷史的真相；讀者從文學中得到的，大多是審美的喜悅。

所以，亞里士多德如是說：「歷史家和詩人的差別在於前者敘述已發生的事，後者則描述可能發生的事。因此，詩比歷史更富哲學意味，因為詩所描述的事物帶有普遍性，歷史則敘述個別的事件。」

但任何歷史文學都具有雙重關係，「一方面與歷史有

關，另一方面與日常現實有關」。批評家的責難也往往是：這部歷史文學作品偏離史實、不符史實。歷史的真實是歷史文學的基本原則嗎？歷史文學首先是歷史呢？還是文學呢？這都是令人困惑不已的問題。

如果我們將歷史文學首先看作是文學的話，那麼，我們有理由認為歷史文學的虛構是合理並且無法避免的。既然是文學作品，它就必然有虛構的成分，必然有超越於事件本身的意義。正如狄德羅（Denis Diderot）所說：「歷史家只是簡單地、單純地寫下所發生的事實，因此不一定盡其所能地突出人物，也沒有盡可能去感動人，令人產生興趣。」即使以斯帖記的事件是虛構的，但也表達了幾百年來流離失所、遭受迫害的猶太人的憤怒、怨恨和希望；其中包括對外邦人的畏懼、對無神論者的鄙視，以及鍥而不捨地爭取當權者的青睞，而暗中又盼望有一天能復仇，重見光明。

總結

從文體再看本書的出處，大多數學者認為是在波斯就地取材寫成的；但也有人認為寫作地點是埃及或巴勒斯坦。由於波斯廣受巴比倫影響，有學者甚至將本書與巴比倫神話相提並論，認為哈曼、瓦實提、末底改和以斯帖等名字皆神明的名字——以斯帖為愛神伊斯他（Ishtar；詳參二[7]註釋），末底改是巴比倫主要的男神瑪爾杜克（Marduk；詳參「補錄

甲」第1節註釋）等。這些似乎只是姑妄言之，不過當時在異邦波斯的人確是普遍照著神明的名字來命名，討個吉利，但說抄襲神話來寫出史詩，那就未免太矯枉過正了。本書從猶太人的解經與米大示的詮釋以來，一直奉為正史，歷世歷代均視之為理所當然，其歷史價值就更不容否定了。

V
古代說書

自古以來，人都會講故事。所有部落和民族皆藉神話、故事，來表達他們對真實世界的瞭解。有些故事只是關乎個人，有的卻與整個國家民族的生死存亡攸關。自古以來，人類就會詳述歷史，將他們的生活記錄下來，寫成（自）傳記或回憶錄。

中國社會向有「鐵板說書」，古名「講史」，與一般的「平話」有異：蓋平話係講片段的故事，講史乃講全部的書史也。《夷堅志》有云：「呂德卿偕友出嘉會門外茶肆中坐，見幅紙用緋貼其尾云，今晚講說漢書。」

「說書」是中國傳統藝術中一門很古老、很受群眾歡迎的民間藝術。中國老百姓中，文盲者佔多數，但他們並不是沒有對藝術的渴求，田頭地角，瓜棚柳下，一代代人都會做著美麗的夢。這個夢來自過去並延伸到未來，有的像悠揚的謠曲，從牛背上穿著紅肚兜、點著眉心朱砂痣的牧童的笛裡奏出；有的由清輝下弄簫低唱的媚娘描畫；但更多的，恐怕是由說書人引領。他們總會給苦哈哈、窮光光的百姓帶來一

種清新的意境———一片蔥鬱的山林，一彎六月的雪水。

　　從說書人的角度上看，他們最喜歡說的是《三國演義》、《水滸傳》、《七俠五義》、《唐代忠烈傳》等。檀木板一拍，大可以上下古今，慷慨激昂，大江東去，任我翱翔。最膾炙人口的中國民間小說可算是明人羅貫中所作的《三國演義》章回小說，演講三國故事。然而唐·李商隱〈驕兒詩〉有云：「或謔張飛胡，或笑鄧艾吃」之句，《東坡集》亦言：「小兒薄劣，為其家所厭苦，輒與數錢，令眾聽說古話。至說三國事，聞玄德敗則有出涕者，聞曹操敗則喜。」好像唐宋時的俳優已多演三國之故事了。

　　以斯帖記如果不是三國志式的信史，至少是三國演義式的歷史小說———回到歷史的情境中，通過歷史的潮流成為人物命運的背景，讓人物參與影響歷史發展的大事件。故此，如果以斯帖、末底改、哈曼在歷史上是虛構的人物，亞哈隨魯則是如假包換的薛西斯王；而普珥節又是約定俗成的猶太文化佳節，即使書珊城的宮廷盛宴、飛馬傳詔、王朝實錄都是說書人口裡的好材料。

　　近、現代文學是小說的時代。現代意義的小說，產生於近代，發展於現代。而古猶太人在公元前四世紀就已產生了這種富現代意味的小說，可說是世界各國最早的。

　　所謂現代意義的小說，和古代街談巷議、道聽塗說的片斷小說當然不同，它有完整的結構，有人物形象，有現實社會的背景和主題思想，有創意作為一種文學藝術品。古猶太

人很早就有這種文藝珍品，並且可以看出它的發展軌跡，說明古猶太文化的高度成就。古猶太小說首先產生於亞歷山大東征前後。波斯支配下的祭司統治發生了變化，希臘化的新文化運動之風不久將吹遍西亞大地，思想解放是大勢所趨，小說正是傳播新思想的工具。但在希臘化的過程中，發生了許多悲劇，小說就做了反映。以斯帖記、《猶滴傳》、《蘇撒拿傳》、《多比傳》、《亞希夸書》（*Book of Ahiqar*）等都顯示了猶太小說的特色。

以斯帖記的神學重點是「天意」的闡述，但在小說的處理上卻是一連串的「巧合」。「天意」和「巧合」本來就是難分難解的，小說講究無奇不有味，無巧不成書，武俠小說更是充滿了奇緣偶遇（serendipity）。

巧合的定義是：「非借人為，卻能改變人命運的事」。中國的章回小說不外乎：「私定終身後花園，多情才子中狀元，奉旨完婚大團圓」，把男女的婚姻，形容為「天作之合」。沒有宗教信仰的人，把人生一切的遭遇統統歸之於「偶然」（coincidence）；有信仰的人則視為「信然」或「天意」（providence），就如作詩的人說：「我們的生活、動作、存留都在乎祂」（徒十七20）。從以斯帖的「一朝選在君王側」來為將來猶太人的滅族厄運說項一節看來，此乃上帝預先的安排，決非偶然。亞哈隨魯王徹夜未眠而讀到末底改有功未賞的王朝實錄，巧逢哈曼前來要求加害末底改，不料一問一答之間，本意加害反而尊榮，哈曼只好灰溜溜地

回家被妻子奚落了。更大的巧合是，惡人哈曼終於死在自己設計、陷害他人的刑具上，這是名符其實的「作法自斃」了，真是奇中之奇、巧中之巧！這一切的一切，我們都可以看出上帝的大作為，明白上帝的確與人同在。歷史的行進方向，無論是直線的、螺旋的、分合的、波狀的，有心人皆可看到冥冥之中，一隻大能的手在牽引，有如放風箏一樣。上帝步步為營，好像魔術師的穿針引線，若非仔細去看，肉眼實在無法察覺（另參第八章「以斯帖記的神學」；有關教義的討論，請參附錄十：「眷顧的教義」）。

自一九七〇年代開始，基督教神學出現一種特別的研究方式，被人廣泛採用，就是將最近所發現之故事對人類自我瞭解的重要性，納入神學研究的範疇。這種方法被稱為「敘事神學」（narrative theology），即運用故事及人為說故事者的觀念，作為神學反思的最重要題材。雖然敘事神學到七〇年代才浮現檯面，但其基礎在二十世紀之初就已扎下。和其他神學的新方向一樣，因為舊約研究的方法似乎產生了困難，所以才有一派人轉向故事法。更確切地說，神學本身的趨勢，以及對啟示的性質、聖經之權威與運用等經學發展，成為此一運動的基礎。因此，敘事神學就某個角度來說，可算是在神學研究的本質，以及聖經在神學中的地位搖搖欲墜之時的一項新突破。

用歷史批判法研究聖經，乃出於宗教改革，由於後來大行其道，逐漸產生一種趨勢，即使聖經所言的某某事件根本

沒發生過，也不要緊。這個態度令聖經的聲音在教會裡日漸式微，不可不察。敘事神學家史卓普（George W. Stroup, *The Promise of Narrative Theology*. Atlanta: John Knox, 1981: 132－133）認為不但個人有故事，群體（community）也有故事，且由故事所塑成。他的定義具有代表性：「群體是一群有共同歷史的人，且知道過去某些事件對如何解釋現在具決定性的影響；面對未來，他們有共同的希望，且以共同的故事表達他們的身分。」但史卓普也與許多敘事神學家一樣，認為聖經的權威不只在於它與過去的關係；他認為，聖經一直具有放諸四海皆準的權威性。聖經提供了敘述與象徵，而群體必須不斷回到其中，重新瞭解自己信仰的實質。總之，敘事神學家試圖在信仰群體中尋找超越的神，如以斯帖記只著重情節，不強調角色，但從情節中看出個性的迥異，在這些事件中，可以看出猶太民族獨特的地位。

以斯帖紀事本末

以斯帖記強調以色列人是上帝的子民，在歷史中屢遭艱辛，常經患難，但他們有堅強的意志和恆忍的信心，終於化險為夷，也看出冥冥中有上帝的保護與安排。詩人的話：「保護以色列的也不打盹，也不睡覺」（詩一二一 4 ），幾乎就是本書的主題。以斯帖記成為普珥日必誦之詩卷，也是該猶太節期來龍去脈的最佳詮釋和闡述。慶祝普珥日的群體

擁抱了這故事的情節、內涵及其引伸的意義。前述猶太移民金斯坦醫生的悲劇故事，不過是極端的實例之一。

記得筆者年輕時血氣方剛，展誦中國近代史時每每憂心忡忡，義憤填膺，摩拳擦掌，不能自已。反觀研究所的日本同學，他們談及祖國自明治維新以來，除在二戰時因太平洋戰爭失利、宣告無條件投降外，其痛定思痛、因禍得福的後景，使得日本國民趾高氣揚，與有榮焉。同為東亞子民，遭遇實有天壤之別。

以斯帖記這部書十足反映猶太民族在被擄異邦時的生活方式及精神狀態。他們散居各地，沒有國籍，沒有政治保障；他們顛沛流離，到處遭人白眼和歧視，承擔多方的壓力。他們生活在不安定的情況之中，飽受侮辱、欺壓與排斥。在這種「人為刀俎，我為魚肉」的惡劣環境中，這些有信心的人始終懷抱著傳統的信念，深知耶和華以色列的上帝絕不會丟棄他們，於是他們從來不向現實妥協，總是不卑不亢地應付各種可能面臨到的橫逆，甚至迫害。這種大無畏的民族性在書中發揮得淋漓盡致，因為他們不屈不撓的精神，才能永久屹立於歷史的末端。因此，這首民族史詩流傳後世，極具歷史價值，永垂不朽，甚至能激發讀者「同情的瞭解」。

以色列的信仰與耶和華上帝是相連的，但本書竟然連一次也沒有提到耶和華上帝的名字。在全書一六七節經文中，提到「波斯王」一九〇次，「波斯」二十六次，「亞哈隨

魯」二十九次，上帝則一次也沒有，甚至在四章14節最適當的時機可以提，結果作者卻避免不提。但是讀者若細心考察本書，必會具體地感到上帝保守的能力瀰漫在整本書的字裡行間。有關書中的名字頗為耐人尋味，「瓦實提」一名據說在古代波斯文中音似「美人」或「愛人」。「亞哈隨魯」在希伯來語中發音好像「頭痛」。「以斯帖」音近「Ishtar」，後者是巴比倫的愛神和女戰神。「哈曼」在希伯來語音近「怒氣」。這種諧音雙關語在中譯或英譯都看不出來（詳參有關這些名字的註釋）。贊成「歷史小說」或「演義」的人，認為這些人名都是為書中的角色度身訂做的，可見他們若非真有其人，也必定另有他名。

　　總之，以斯帖是一本比許多史書還要真實的「歷史小說」。即使事件是虛構的，也表達了幾百年來流離失所、遭受迫害的猶太人的憤怒、怨恨和希望。聖經中的敘事是以故事的形式記載神聖的作為、如果波斯境內的猶太人沒有從滅族的計畫中得拯救，普珥日將是空洞的狂歡節。在新約裡，使徒保羅說，如果基督沒有真的從死裡復活，復活節的故事將是一則殘酷的笑話（林前十五19）！

　　本書到底是歷史乎？文學乎？可說迄今仍是一個難解的謎。真正的問題在乎如何去瞭解二者。我們閱讀以斯帖紀事本末的時候，如果容許自己被這類歷史的枝節分了心的話，將是見樹不見林，差之毫釐，謬以千里！同樣地，如果因為該故事鋪陳得高潮迭起、劇力萬鈞、震撼人心，使人歎為觀

止，卻因而忽略了其中的歷史性，而貶之為屬靈的小說，這都是矯枉過正的臆測。筆者擬從本書的文藝手法作為關鍵，嘗試瞭解上帝在很久以前的波斯，如何拯救祂的百姓於水火之中，助他們出幽谷而遷於喬木。上帝的權能始終在歷史、個人、社會、國家民族，以及整個世界中。

VI
人物春秋*

　　自從一九九〇年代以來，「敘事神學」大行其道，人們喜歡趣味盎然的故事，不喜歡冗長煩瑣的說教。筆者十分私淑英國傳記文學家史萃奇（Lytton Strachey, 1880－1932），史氏畢業於劍橋，與法國的莫里亞（François Mauriac, 1885－1970）和德國的茲凡克（Stefan Zweig, 1881－1942），同為二十世紀傳記文學的三巨擘。他的作品不同於坊間一味歌功頌德的傳統傳記；他敘述詳實，並在適當場合作破壞偶像的素描，為傳記文學帶來清新風貌。其代表作《維多利亞女皇》特別令人耳目一新，讀不釋手。至於以斯帖記，除了主人翁以斯帖、末底改等風雲人物之外，亞哈隨魯王也成了上帝的器皿，瓦實提和哈曼則成為悲劇人物。

　　「悲劇使人性淨化」；亞里士多德的《詩學》描述悲劇的淨化情感作用（catharsis），亦解作醫學用的瀉劑，兩者

＊有關歷史考證的問題，請看註釋部分。

同出一源。愛讀莎翁悲劇的人,都注意到李爾王、馬克白等人出場時何等燦爛,到收場時又是何等悲壯,慘被命運及自身個性中的缺陷所毀滅。我們對哈曼惡行的剖析,意旨不在作千秋褒貶,而是從中獲得教訓,進而淨化靈魂。

以斯帖

　　本書女主角以斯帖原是波斯王國一個寂寂無名的小孤女,然而時勢造英雄,她竟一夜成名,成為民族英雄,更成了以色列史中最傳奇的故事的主角。她是便雅憫人,父母早亡,由其堂兄末底改撫養成人。她的本名為「哈大沙」(意思是山桃〔myrtle〕),這是猶太名字,後改為入境隨俗的波斯名字「以斯帖」(即星兒)。以斯帖不僅長得花容月貌,內心也極其謙和內斂。按猶太人傳說,末底改曾把以斯帖收藏起來,不希望她入宮犧牲青春。他一面將她收養,視如己出,可見他們雖然同輩,但年紀可能差上一大把,又吩咐她不可讓人知道她的籍貫,以免節外生枝。

　　猶太人在歷史上逃過一劫,王后以斯帖和末底改寫信昭告天下,要猶太人世世代代守這普珥日,永矢勿諼。

　　無獨有偶,就在波斯王亞哈隨魯忙著東征西討、開疆闢土的時候,東方的中國正處於春秋五霸的尾聲,長江以南正在醞釀著一部《吳越春秋》。當春秋時代最後一霸吳王滅越,生擒越王勾踐之後,越國舉國上下痛定思痛,越王三年

被囚後獲釋回國，臥薪嘗膽，生聚教訓，積極準備反攻。勾踐回國後第一件事就是挑選美女送給吳王夫差，其中有一位西施，是中國著名的美女之一。「賤日豈殊眾，貴來方悟稀」，夫差特地在姑蘇城外建築一座豪華的宮殿姑蘇台，讓西施居住。據說西施有一種「心痛」的毛病，大概就是現代人所稱的「胃痛」（heart-burn）。每逢西施病發，她用手「捧心」（掬在胸前）的時候，正是她最美麗的時候，吳王夫差會即時神魂顛倒，忘掉軍國大事。勾踐正要他如此，越國在姑蘇台的歌舞聲中，祕密重整軍備。後來趁著夫差到黃池爭霸的中空時機，越國出兵偷襲，包圍姑蘇，夫差自殺，西施偕范蠡同泛五湖而去。

研究聖經人物的學者，都會讀到一種「預表學」（typology）。正如路得為一外邦女子嫁給猶太人為妻，以斯帖為一猶太女子下嫁外邦男子。路得成為基督家譜的老祖母；以斯帖則拯救以色列民，以致救贖主能照應許而生，來到世上。不過，在救恩史上，以斯帖可以預表教會（天主教則認為預表聖母馬利亞），可分四點來說明：

（一）她的祖先：以斯帖是猶太人的後裔，其父母亞比該夫婦早亡。基督的教會亦然，救主是猶太人的後裔，舊約經典是屬乎猶太人的，第一間教會是猶太人建立的，但教會建立不久，其猶太原鄉味便慢慢淡薄。基督的恩典蓋過摩西的律法，就如以斯帖的家世一早就過去一樣。

（二）她的容貌：以斯帖容貌出眾、豔麗照人，但是

她秀外慧中，深知光芒內斂的道理，所以人見人愛。就像唐詩所說：「天生麗質難自棄，一朝選在君王側……溫泉水滑洗凝脂，侍兒扶起嬌無力，始是新承恩澤時。……後宮佳麗三千人，三千寵愛在一身。」教會也是基督的新婦，一旦蒙召，「要用水藉著道把教會洗淨，成為聖潔，可以獻給自己，作個榮耀的教會，毫無玷污、皺紋等類的病」（弗五㉖～㉗）。

（三）她的升高：以斯帖出身寒微，但是她像王維所詠的西施：「豔色天下重，西施寧久微？朝為越溪女，暮作吳宮妃。賤日豈殊眾？貴來方悟稀。邀人傅脂粉，不自著羅衣。君寵益嬌態，君憐無是非……。」最顯赫的波斯王后，母儀天下，就如教會有朝一日要作「萬王之王」的新婦一樣。

（四）她的代求：以斯帖是第三日晉見亞哈隨魯王的，按律法，她這樣做是必死無疑，但她卻蒙王宏恩而蒙悅納。猶太人因著以斯帖的代求而得生。保羅勸勉提摩太說：「我勸你，第一要為萬人懇求、禱告、代求、祝謝；為君王和一切在位的，也該如此，使我們可以敬虔、端正、平安無事地度日。這是好的，在上帝我們救主面前可蒙悅納。」（提前二①～③）這也是教會的代禱功能。

末底改

末底改的名字發音接近巴比倫主要的神祇瑪爾杜克，他是流亡書珊城的猶太人，是便雅憫人基士的曾孫、示每的孫子、睚珥的兒子，是以斯帖的堂兄、養父兼監護人。聖經說他在猶大王約雅斤和百姓被擄到巴比倫的時候，也在其中。如今改朝換代，他在朝門當司閽，這大概是異族俘擄中較高階的職位了，因此波斯王稱他為「坐在朝門的猶太人末底改」（六⑩）。

事過境遷後，末底改記錄這事，寫信給亞哈隨魯王轄下各省的猶太人，要他們堅守普珥日。末底改最後作亞哈隨魯王的宰相，在猶太人中為大，《馬加比二書》甚至稱普珥日為「末底改日」，從此可見一斑（十五㊱）。

如果以斯帖可以比擬為「朝為越溪女，暮作吳宮妃」的西施，那麼末底改就是功成身退、泛遊江湖的范蠡。范蠡，春秋楚戶人，與文種同事勾踐，苦身戮力，深謀二十餘年，竟滅吳，報會稽之恥，稱上將軍。他以為大名之下，難以久居，且勾踐為人，可與共患難，難與同安樂，遂偕西施浮海通齊。齊人聞其賢，以為相，復盡散其財去而止陶，自號陶朱公。

當然末底改和以斯帖的關係並不同於范蠡、西施，前者為堂兄妹或養父女，後者前為情人後為夫婦。但是他們同王室的互動關係卻有異曲同工之妙，在中外歷史上寫下可歌可

泣的一頁。

末底改可以預表在大災難中仍存活的猶太人，這有四方面的佐證：

（一）拒絕下拜：末底改由於宗教及家族世仇原因，甘冒生命危險，不肯向哈曼下拜（三4），就如末後的猶太人也是至死都不向獸或其印記下拜（啟二十4）。

（二）禁食哭泣：先是末底改，後是眾猶太人「悲哀，禁食哭泣哀號，穿麻衣躺在灰中」（四3），他們一起為生存而求上帝施恩。末後猶太人也要仰望「他們所扎的」，就各歸各家，禁食禱告認罪（亞十二10～14；以斯帖的認罪禱告則記在「補錄丙」）。

（三）至終得救：末底改與其骨肉同胞，不至死於哈曼手中，是因為上帝的拯救。末後「上帝的忿怒」傾倒地上之前，雅各家都要蒙保守得救。

（四）升為至高：末底改（意為「小人物」）後來竟位極人臣。末後猶太人亦要被升為至高，萬民要以耶路撒冷做中心，「流歸這山」，那時「大衛之子」要作王，管理列國。

哈曼

哈曼是一個悲劇人物，符合莎翁悲劇的風格──虎頭蛇尾，出場時風光異常，一人之下，萬人之上。依照王的諭

旨，每個人都尊崇他，唯獨一個人不買帳，這人就是末底改，他堅決不向哈曼屈膝。身為虔誠的猶太人，末底改堅持「男兒膝下有黃金」，說什麼也不肯遵從。有聖經顯示，以色列人有向王行跪拜禮的習慣（例如撒下十四④，十八㉘）。在波斯，這樣的舉動有承認統治者是神的含義。根據希羅多德的記載，斯巴達人也拒絕如此尊榮亞哈隨魯。哈曼雖然惱火，卻不敢冒然對付末底改。他乾脆一不作，二不休，既知道末底改是猶太人而心生惡計，陰謀滅絕所有猶太人。他暗暗向王進讒言，使王批准他的毒計，發出慘無人道的聖旨，於是猶太人立時陷入滅種的厄運……。

加州水晶宮歸正教會的蕭律柏博士（Robert Schuller）在該教會三十週年慶典時，邀請了積極思想大師皮爾博士（Norman Vicent Peale）蒞臨發言，他如此介紹皮爾博士：「有一個人出身寒微，長於貧賤，但他曾使國王驚駭，教師困窘，幫助過千千萬萬的人。他從來沒有掛牌行醫，卻醫治了不少病人；他更撫慰了許多破碎的心，是世上一切的醫生都望塵莫及的。他宣講有關『人生光明面』的書一直是全世界最暢銷的書，他就是耶穌基督！現在讓我們請皮爾博士來介紹他和他的心得給我們聽。」說完之後，原本滿心飄飄然的皮爾博士臉上一陣紅、一陣白，尷尬得結結巴巴，良久不能自已。

哈曼成了普珥節的主要角色。從一開始，普珥節就是最流行的節期之一。在亞達月十三禁食之後，猶太人就在十四

日開始的傍晚，齊聚會堂，宣讀以斯帖記。讀到哈曼時，他們會齊聲說：「讓他的名字被塗抹。」次日早上，他們再聚集交換禮物（參John D. Davis, *A Dictionary of the Bible*. Grand Rapids: Baker, 1954: 639）。

哈曼是「反閃／反猶主義」（即仇視猶太民族）的健將，他是亞甲族哈米大他的兒子，也是「猶太人的仇敵」（三⑩），預表敵擋真道的「罪人」。他在以斯帖記中具有下列意義：

（一）他的名字：出於以斯帖的口中，他就是「仇人、敵人、惡人」（七⑥）；「惡人哈曼」的希伯來文總數值（每一字母均具某一數值）剛好是三百六十六（巴斯德著，《聖經研究》，頁382－383），這是敵基督的數字（啟十三⑱）。

（二）他的權柄：一人之下，萬人之上，受王抬舉高升，所有臣僕都跪拜哈曼，只有末底改例外（三①～③）。末後，「也把權柄賜給他，制伏各族、各民、各方、各國。凡住在地上、名字從創世以來沒有記在被殺之羔羊生命冊上的人，都要拜他。」（啟十三⑦～⑧）。

（三）他的驕傲：哈曼的心態是「富貴而不歸故鄉，好像衣錦夜行」，於是便「將他富厚的榮耀、眾多的兒女，和王抬舉他使他超乎首領臣僕之上，都述說給他們聽」（五⑪）。這種心態反映那個從天墜落的明亮之星、早晨之子的心聲：「我要升到天上；我要高舉我的寶座在上帝眾星以

上；我要坐在聚會的山上，在北方的極處。我要升到高雲之上；我要與至上者同等。」（賽十四⑬～⑭）但以理也預言到那獸有「像人的眼，有口說誇大的話」（但七⑧）。

（四）他的怨恨：哈曼因為得不到末底改的尊重而遷怒整個猶太民族，乾脆趕盡殺絕，奏請王下旨消滅，以絕後患（三⑨，八①，九⑩～㉔）。然而詩人說：「惡必害死惡人；恨惡義人的，必被定罪」（詩三十四㉑）。觀諸哈曼的下場，正是如此。

（五）他的命運：哈曼到頭來作法自斃，而且連他所愛的十個兒子也與他一同被掛（九⑦～⑭），死在自己為末底改設計的木架上（七⑨～⑩）。至高上帝能利用惡人的毒計，成就祂公義的目的。主上帝說：「賞罰在我，要照各人所行的報應他。」（啟二十二⑫），「唯有膽怯的、不信的、可憎的、殺人的、淫亂的、行邪術的、拜偶像的，和一切說謊話的，他們的分就在燒著硫磺的火湖裡；這是第二次的死。」（二十一⑧）。並且與他一同滅亡的，還有地上之「十王」（但七；啟十七）。哈曼不正是預表了那「罪惡之子」嗎？

亞哈隨魯王

亞哈隨魯王一開始就是上帝的工具，為完成選民猶太人的救恩歷史任務。自始至終「王的心在耶和華手中，好像隴

溝的水隨意流轉」（箴二十一 [1]）。在本書的三大筵席中，亞哈隨魯扮演的都是「傀儡」的角色，因人成事，坐享大名。歷史上的君王如夫差、勾踐等，也都不過如此。

亞哈隨魯是不是真正的歷史人物，曾引起不少爭辯，聖經說他是統管一百二十七省之王，但歷史文獻中好像沒有他的名字。直到近代，感謝那些古物發掘者和研究古代語文的專家，他們把真相揭露了（詳參「補錄甲」第 [1] 節註釋）。

我們從其他歷史文獻及波斯碑文中，搜集到有關亞哈隨魯之事蹟如下：

（一）第一章之大筵席是他出征前之準備。

（二）公元前四八〇年與希臘作戰，即為著名之撒摩丕利（Thermopalyae）戰役及撒拉米（Salamis）戰役。

（三）廢除瓦實提王后，似是出征前之事。自希臘失敗後，回來娶以斯帖。

（四）曾下令建橋橫跨希利斯本海（Hellespont），建成後因風浪而倒塌，他令人鞭海三百下，並擲一腳鐐於海中，又把建橋之人斬首。

（五）努底亞人派非亞斯（Pythius）曾送約黃金萬兩給他，求他出兵相助，他一時豪興大發，非但不收，反而送大禮回敬。

（六）該次出兵令他長子陣亡，他極為憤怒，令人拿兒子屍體來，斬為兩半，讓大軍馳過。

（七）他曾羞辱餘下之斯巴達人。

（八）為滿足其淫慾，曾下重賞，給能發明新玩意之人。

（九）曾開鑿亞妥斯（Athos）之依斯瑪斯（Isthmus）運河，給他的海上浮宮通過。

（十）他憑波斯之財富及兵力，把波斯王朝帶上超級強國之巔峰，令各國瞠目結舌，退避三舍。

瓦實提

瓦實提廢后的名字原意是「美人兒」，可惜她恃寵生驕，不聽王命，終於遭到「趙孟之所貴，趙孟亦能賤之」的命運，打入深宮，成為怨婦。

瓦氏處在一個專制君主的時代，讓人想起春秋時的陳國靈公和大臣孔寧、儀行父等有「株林之會」。瓦實提不願作夏姬，實在無可厚非，豈知亞王面子罩不住，惱羞成怒而有廢后之舉，甚至想藉此殺一儆百，要天下婦女嚴守「三從四德」，尊敬她們的丈夫，免得落到瓦實提的下場。事過境遷之後，「王的忿怒止息，就想念瓦實提和她所行的，並怎樣降旨辦她」（二1）。暴君午夜夢迴，心中不無愧疚。

瓦實提在救恩歷史上可預表一些自以為義的人，他們誠惶誠恐，中規中矩，卻得不到「寡人」的欣喜。想靠律法得救的人，動輒得咎，「伴君如伴虎」，到頭來可能「失寵」，淪為「深宮怨婦」。

VII
文學架構

以斯帖紀事本末是一部清新的文學作品，內容充滿了諷刺、反諷和幽默。希臘文七十士譯本比我們手上的以斯帖記有更多篇幅：

（一）在書首加插末底改的夢及發現的陰謀。

（二）三章⒀節後附加亞哈隨魯王殺滅猶太人的意旨。

（三）四章⒄節後附加末底改與以斯帖的禱告。

（四）五章⑴～⑵節前附加以斯帖朝見王的描述。

（五）八章⑿節後附加亞哈隨魯王優待猶太人的諭旨。

（六）十章⑶節後附加末底改為書首的夢加以詮釋，說明一切皆上帝的作為。

日後耶柔米在拉丁通俗譯本內，就編纂成為十六章，比原來的多六章。

以斯帖記的故事很像一個比喻，即天上的信息包裝在人間的故事裡。只是比喻通常是短小精悍，言簡意賅，適合作為講道的經文；以斯帖記的故事比一般比喻長多了，作者顯

然是文藝高手，在敘述方面有十分深湛的技巧，娓娓道來，一波未平，一波又起，非常緊湊，到高潮處又峰迴路轉，急轉直下，令人展誦低迴不已。這就是為什麼用以斯帖記講道不太能討好聽眾的原因了；除了那膾炙人口的四章[14]章外，以斯帖記的任何一片段都不容易以偏概全。也因為如此，最好不要分章講道，以免落得虎頭蛇尾，不好收拾。反之，以一段經文帶出前因後果，而聯結到整個故事的精義，達到化整為零的效果。

本書有長短不同的兩種經文。基督教中文聖經是按較短的希伯來文版本翻譯的，其內容大致如下：

第一、二章述說亞哈隨魯王大宴群臣，王后瓦實提「敬酒不喝喝罰酒」，不願在群臣面前顯露色相而遭廢黜。小家碧玉的猶太女子以斯帖遂通過「秀女遴選」入宮冊封為新后。其養父末底改偶聞二內侍弒王陰謀，通知王后轉告國王而使陰謀流產。第三章記述哈曼升為宰相，權傾朝野，飛揚跋扈，不可一世。哈曼遷怒末底改不行跪拜之禮而思誅殺猶太全族，在其策畫下，並徵得王的同意，掣籤定於亞達月十三日執行屠殺令。第四、五章提到末底改和猶太人為此禁食哭泣，要以斯帖向王說項求恩。以斯帖記冒死求見，請王率哈曼赴宴。哈曼恃寵生驕，立木架以備殺害末底改。六至八章說及王翻讀王朝實錄而憶及末底改救駕有功，遂令哈曼尊榮之；王后順水推舟，歷數哈曼之惡，王龍顏大怒，將之掛在其自製的木架上。末底改善有善報，擢升高位。以斯帖

以弱女之身扭轉乾坤，使惡者得懲。第九章記述猶太人快意恩仇、殺敵數字和定亞達月十四、十五兩日為設筵歡樂、彼此送禮的普珥日。這是摩西五經以外的兩大猶太節日之一（另一為修殿節〔Hanukkah〕，其歷史淵源記於《馬加比一書》）。第十章說明末底改為相是寫在瑪代和波斯王的歷史上。

有關長短經文的問題，現代學者大多認為七十士譯本的補充是翻譯者所加，為的是要更清楚說明原文的意思。另者，希伯來文的以斯帖記的歷史價值既無可否認，次經的補錄卻有助於把靈性的意義發揚光大。本書與次經的《猶滴傳》頗有雷同之處。猶滴與以斯帖為猶太民族的巾幗英雄的雙璧。以斯帖以美貌的魅力、柔情與智巧配合堂兄的謀略，拯救了民族脫離危機；猶滴同樣以美貌、勇力和謀略使戰局轉危為安，不失身但又輕易取得敵帥的頭顱，為民族爭光，揚眉吐氣。

然而，以斯帖仍不失為一位被上帝興起的女中豪傑，好比士師時代的女強人底波拉。以斯帖優遊於異邦的宮廷中，享盡榮華富貴，但像約瑟與摩西，到頭來拯救以色列民族。這些似曾相識的史事都可譜成可歌可泣的史詩，難怪猶太人將之列為五大詩卷之一，在節期誦讀以令後世子孫永矢勿諼。

筵席

　　值得一提的是本書的文學架構是由一顯著的主旨（motif）所形成，好像交響樂的旋律貫穿全書。這主旨就是希伯來文的「筵席」（*mišteh*），在以斯帖記中出現了二十次，而在其餘舊約書卷中僅出現了二十四次。中國文化自古有各項的饗宴，如喜宴、壽宴、餞別宴、接風宴、野宴、鴻門宴和慶功宴等，許多人生大事與宴會都結了不解之緣，許多軍國大事亦假宴席之名以行，故《三國演義》有曹操「三天一小宴，五天一大宴」來籠絡關羽。

　　有幾位經學家指出以斯帖記的開始與結束都是「雙筵席」，中間再有幾組的雙筵：如第一章的亞哈隨魯王連續大擺兩次筵席；第九章猶太人連續兩日慶祝其劫後餘生。這兩對筵席相互輝映，比如，亞哈隨魯王第一筵是大宴通國群臣，普珥節的第一筵也是全國猶太人的慶典。亞哈隨魯王的第二筵是為書珊城的百姓而設；普珥節的第二筵也是為書珊城的猶太人預備的（參Fox, 157）。

　　茲將以斯帖記的筵席列表如下，它們成雙成對，一目了然（如A^{1}和A^{2}為一對，如此類推）：

以斯帖記中的筵席

1.亞哈隨魯王大宴通國群臣（一[2]～[4]）　　　　　A^1
2.亞哈隨魯王款待書珊城的老百姓（一[5]～[8]）　　B^1
　（瓦實提款待婦女〔一[9]〕）

3.以斯帖封后宴會（二18）　　　　　　　　　　C^1

4.以斯帖款待王和哈曼的第一筵（五1～8）　　D^1

5.以斯帖款待王和哈曼的第二筵（七1～9）　　D^2

6.慶祝末底改高升的饗宴（八17）　　　　　　C^2

7.普珥節的第一日普天（全國）同慶（九17、19）　A^2

8.普珥節的第二日書珊城同歡（九18）　　　　B^2

　　請注意本書的開端與結束均以一對饗宴為背景，而以斯帖也無獨有偶地安排兩次宴會來款待王和哈曼。哈曼在以斯帖兩次宴會之間一瀉千里，特別是王徹夜未眠的那夜和次日早晨。如此便有三套宴會來配合本書的開端（A^1B^1）、高潮（D^1D^2）和尾聲（A^2B^2）。

　　這三套大筵席，意義相貫。故事開始記載亞哈隨魯王設筵，大宴群臣；中段乃以斯帖設筵；末後是猶太人設筵。第一次宴會乃全書故事之起因；第二個為故事的進程；第三個為故事的結果。因有了第一次的宴會才有第二，有第二才有第三，它們都是互為因果、環環相扣的。全書的故事皆圍繞這三個筵席所導致或相關的事件。書中故事進展富戲劇性，多記絕處逢生的事蹟：

　　　　十二月，乃亞達月十三日，王的諭旨將要舉行，就是猶太人的仇敵盼望轄制他們的日子，<u>猶太人反倒轄制恨他們的人</u>。（九1）

……為猶太人脫離仇敵得平安、<u>轉憂為喜、轉悲為</u><u>樂的吉日</u>……。（九<u>22</u>）

絕處逢生

有關本書絕處逢生的主題，亦躍然於字紙上，這就是文學上所謂的「峰迴路轉」（peripeteia）。此詞在亞里士多德的《詩學》首先出現，用來指故事發展的異軍突起，急轉直下，改變了故事原先被期待的結果。金庸武俠小說人物的發展就不乏這些「九曲十三彎」的布局。在以斯帖記中的「宴無好宴，會無好會」，宴會的主旨使得讀者的注意焦點七上八下，在第六章起，事情急劇變化，天意彰顯，柳暗花明，整個故事都開朗起來，太陽再一次普照大地，青草又告發旺──仇敵作法自斃，上帝子民高唱凱歌，普天同慶普珥日（為猶太人脫離仇敵得平安、轉憂為喜、轉悲為樂的吉日）。

本書寫作風格著重「異軍突起」、「峰迴路轉」及「逢凶化吉」的命運扭轉形式。原本要加害猶太人的，結局剛好相反，讓讀者跌破眼鏡。猶太人本來是要死無噍類的，後來不但化險為夷，又因以斯帖和末底改的寵渥優遇而得「愛屋及烏」的待遇。反之，哈曼由英雄變成狗熊（from hero to zero），不但權位全失，連性命也不保。在九章<u>1</u>節，作者把反敗為勝的拯救的主題闡述如下：「十二月，乃亞達月

十三日，王的諭旨將要舉行，就是猶太人的仇敵盼望轄制他們的日子，猶太人反倒轄制恨他們的人。」

茲將此峰迴路轉的事蹟列表於下，以作參考：

反敗為勝的對稱結構

三10	王賜哈曼戒指	八2	王賜末底改同樣的戒指
三12	哈曼召王的書記	八9	末底改也召王的書記
三12	詔書蓋上王的戒指玉璽	八10	詔書如法炮製
三13	猶太人男女老幼一律剿除	八11	對仇人以牙還牙，一律剿除
三14	哈曼詔書通告天下	八13	末底改詔書通知天下
三15	驛馬飛報傳書	八14	驛馬飛報傳書
三15	書珊城陷入恐慌	八15	書珊城歡天喜地
四1	末底改披麻蒙灰	八15	末底改穿蟒袍玉帶
四1	末底改在城中痛哭行走	八15	末底改光榮遊行示眾
五14	細利斯要末底改死	六13	細利斯「預言」哈曼敗落

第六章包含一連串的逆境之首輪：哈曼進宮想除去末底改（六4），結果「偷雞不著蝕把米」，反過來為末底改牽馬隨蹬，遊行示眾（六11）。上述三套宴會主導這些逆轉局勢的行進，中途並以三次王朝實錄作伏線和圓滿──一在故

事之初（二[23]），一在中間（六[1]），及在末了（十[2]）。

茲再將以斯帖記的文學結構簡列如下：

金句：「猶太人……轉憂為喜、轉悲為樂的吉日」（九[22]）

衝突

「那夜王睡不著覺……」（六[1]）

以斯帖的　　　　　　　以斯帖的

第一筵（五[4]）　　　　第二筵（七[1]）

王大擺筵席（一[4]～[5]）　　猶太人慶祝

　　　　　　　　　兩天節期（九[16]～[18]）

劇情發展

「峰迴路轉」在以斯帖記中不僅是製造趣味性及可讀性的文學手法；要緊的是，本書的表現形式與內涵融為一體，在文本中產生互動，實屬「峰迴路轉」之代表作。這種急轉折的結構深深反映了作者的世界觀——山窮水盡疑無路，柳暗花明又一村；人的盡頭，上帝的起頭（Man's extremity, God's opportunity.）——並提供了瞭解本故事的神學意涵的框架。上帝的作為顯明在人類日常生活的瑣事中，即使是最平常的芝麻豆蔻的事，都有一股不可言宣、不可思議的力量在牽制著歷史的動向，改變人類的命運。

VIII
神學和屬靈意義

　　大談一本從未提到上帝名字的經卷的神學，似乎有點緣木求魚的感覺。雖然以斯帖記未提到上帝的名字，但整卷書卻明顯充滿上帝的攝理和超自然的保守。禁食是一種宗教儀式（四[16]）；表明以色列人得拯救的普珥節，則因確認以斯帖事件為其歷史背景，而尋得一合理的解釋。《馬加比二書》提到「末底改日」，說明在公元前二世紀已遵守此節（十五[36]）。在約瑟夫的時代，普珥節要慶祝一個禮拜。

　　以斯帖記的歷史目的，是解釋普珥日的來源。「普珥」（*pûr*）乃是迷信的舉動，以抽籤來占卜黃道吉日（參三[7]註釋）。哈曼定了「吉日」來殲滅猶太人，結果這日子竟成為他自己的黨羽和家族作法自斃的「忌日」。即使如此，他自己都看不到這「忌日」，因為他率先已被處死。迷信自然是成事不足、敗事有餘，遑論成就上帝的事？但是冥冥中上帝的大手卻引導人類的命運。人的千算萬算還不如上帝的一算。「普珥」原是一外來語，希伯來文原讀作「俄珥拉」（*gôrāl*），但後來也改稱「普珥」為「籤」。由「普珥」

所選定的日子是猶太人轉危為安的日子，在這日，全民族舉行普天同慶的「嘉年華會」，這就是猶太人「普珥節」的來源。今日，巴勒斯坦的猶太人仍保持這個歡欣鼓舞的節日。這豈不讓人聯想到約瑟曾說的話嗎？——「從前你們的意思是要害我，但上帝的意思原是好的，要保全許多人的性命，成就今日的光景」（創五十20）。

上帝至高主權

本書真正的神學價值在於一主要的靈訓——神人合作說（synergism），即是上帝的權能與人的自由意志之巧合配合。那夜亞哈隨魯王睡不著覺，叫人拿政事紀錄來看，剛讀到末底改效忠王室的功勳。當王正在思想怎樣報答賞賜末底改，也正是哈曼處心積慮求王治死末底改的時機，這種千鈞一髮的當兒，正是歷史轉折的時刻。上帝並沒有左右人的自由意志，卻顯明祂的偉大權能。正因上帝的名字沒有被提及，本書更是為猶太人和當時的波斯人而寫，而人對上帝那可望不可及的工作及權能，更易產生敬畏之心。

本書的神學宗旨乃在闡述「天意」之權能，亦即上帝對其子民所顯示的看顧、保守、存留、供應等事實，而全書的價值也在於此。「天意」一詞的英文providence，源自拉丁文 *provideo*，此為混合字，*pro*即「在前、事先」，*video*即「我見」，故其原義為「先見之明、預知、先知先覺」，就是在

任何事發生之前，即成竹在胸，了然其動機、手段、目的及一切的影響。嚴格來說，只有上帝能具備這種能力，祂既是預先知道萬事萬物的轉易變化，又有能力心想事成，所謂「萬物靜觀皆自得，四時佳興與人同」。抑有進者，祂有絕對的條件及權柄來管理、安排及支持人類的歷史。以斯帖記的內容包含以下幾個互相交織的主題：

（一）天人合一的奇妙配合──上帝的天意和人類的行為交織在一起（參一⑩～⑫，二⑰、㉑～㉓，四⑭，六①～③）。

（二）傲慢的自欺本質和咎由自取（參六④～⑭）。

（三）在人生的定點上與上帝的百姓認同（參四⑫～⑯）。

（四）在上帝的天意裡男女和衷共濟（參九㉙～㉜）。

再看上帝的權能如何彰顯在末底改與以斯帖身上。末底改坐在朝門盡忠職守，以斯帖在王宮母儀天下，在在都促成亞哈隨魯王良性的互動。當末底改託人請求以斯帖去向王請命的時候，曾經警告她：「此時你若閉口不言，猶太人必從別處得解脫，蒙拯救……」（四⑭）。末底改顯然深知上帝的權能不會因人的軟弱或失敗而受阻，以斯帖若不肯犧牲，猶太人仍可以得到解救。「此處不救人，自有救人處」，上帝有「別處」的方法與途徑來執行祂的救恩計畫。有信心的人不必向上帝嘮叨說：「那將要來的是你嗎？還是我們等候

別人呢？」，因為「凡不因我跌倒的，就有福了！」（路七
19、23）

　　上帝的權能甚至利用惡人的毒計，順水推舟，成就祂公
義的目的。祂任由哈曼製木架，後者準備以此處死末底改，
但到頭來哈曼卻是自掘墳墓。人的詭計惡謀似乎萬無一失，
但真正受害的不是別人，乃是他自己。上帝是公義的，祂有
時甚至不必刻意懲治人，人的惡行自會轉向自己。上帝的能
力雖然隱密，但卻決定人一切的生活、動作、存留、成敗、
得失、榮辱，以及生死。

　　有關上帝的名字出現空白一事，已成為以斯帖記的註釋
者必須跨過的第一關。想到兩千五百年前同期的孔老夫子，
曾因為不想再發表言論而宣告封口。學生子貢怕無所傳述而
質疑。孔子適時地說：「天何言哉？四時行焉，百物生焉，
天何言哉？」（《陽貨》，十七19）可見上帝的恆常作為的
原則表現在大自然的化育事工中，不必大肆宣揚，因為「自
從造天地以來，上帝的永能和神性是明明可知的，雖是眼不
能見，但藉著所造之物，就可以曉得，叫人無可推諉」（羅
一20）。某僧尼曾作悟道詩：「終日尋春不見春，芒鞋踏破
嶺頭雲；歸來笑拈梅花嗅，春在枝頭已十分。」終日嚷著尋
道（上帝），其實道（上帝）不遠人，「踏破鐵鞋無覓處，
得來全不費工夫」，這段公案正是教導「萬法歸一」，尋道
者不必捨近求遠。

　　事實上，「耶和華」這名字是以一種非常奇特的方法

出現，有點似「離合體」（acrostic），即連續幾個字詞之首字母或末字母合起來成為另一個字，頗像中國詩家所說的「鶴頂格」。這種情形，全書共有五次，四次是「耶和華」（*yhwh*；יהוה；留意希伯來文是由右至左排列的），一次是「自有永有」（*'hyh*；אהיה）。現遵循某些中古抄本把有關啞音字母特別大寫的方式列出五處經文如下：

一20：הִיא וְכָל הַנָּשִׁים יִתְּנוּ'（由左至右；「〔她〕……所有的婦人……都必……」）

五4：יָבוֹא הַמֶּלֶךְ וְהָמָן הַיּוֹם'（「請王帶著哈曼今日赴……」）

五13：זֶה אֵינֶנּוּ שֹׁוֶה לִי'（由左至右；「雖有這……也與我無益」）~）

七7：כִּי כָלְתָה אֵלָיו הָרָעָה'（「……定意要加罪與他」）

七5：הוּא זֶה וְאֵי זֶה'（「這人在哪裡呢」）

首四段的大寫字母是「耶和華」，第五段是「自有永有」。中世紀的文士就刻意把關鍵的字母放大。這五個離合體是上帝名字之「註冊商標」。眾裡尋他千百度，驀然回首，原來那名字正在燈火闌珊處。提筆至此，倒要感謝聖經學者巴斯德獨具的慧眼及不吝的指教呢（《聖經研究》，頁361－362）！

苦難中的書卷

　　以色列人在歷史上多次成為迫害的對象，從埃及的法老、波斯的哈曼到德國的希特勒，以及更僕難數的反閃主義者，都不遺餘力想除去以色列／猶太人。以斯帖記在二次大戰的德國集中營裡是禁書，但是直到今天，本書對猶太人的鼓舞仍有意想不到的效果。葛蒂斯拉比（Gordis, 13－14）有以下的觀察：

> 　　反閃主義者一直對本書深惡痛絕，納粹嚴禁在火葬場和集中營閱讀它。關在奧辛維茲、達橋、翠柏林卡和柏根伯爾森的猶太囚犯在死前不見天日的黑牢裡，在普珥日暗暗背誦以斯帖記。他們自己和其殘忍的敵人都知道箇中三昧。這本令人難忘的書教導猶太人抗拒滅族的厄運，無論過去或現在，都彰顯了上帝的信實及承諾。在每個時代中，烈士和英雄，以及平凡的男女，都從中得到啟發，不僅視之為光榮燦爛的救恩史冊，而且也是將來救恩的預言。

　　抑有進者，以斯帖記就像希伯來聖經其餘的經卷一樣，已經成為基督徒的屬靈遺產，藉著耶穌基督傳給我們（參路二十四27、44～45）。新約教導舊約所承諾的新天地和未來的救恩會因基督的受死和復活而得到終極實現。上帝拯救猶太人免於哈曼的陰謀，保證了他們的存亡絕續，並讓彌賽亞

從他們當中來臨成為可能。一旦彌賽亞來到，不僅使得猶太人逃過浩劫，也拯救世人免於死亡，包括猶太人和外邦人。

以斯帖記峰迴路轉的情節，使得猶太人因禍得福，轉敗為勝，這也是整個聖經神學的主題——上帝百姓的敗部復活，因此，耶穌基督的十字架就是扭轉世人悲劇結局的關鍵——置之死地而後生，使得大局扭轉，命運改觀。歷史最大的功課，就是以古訓今——「未來之視今，猶今之視昔也」。歷史已化身為一股超越個人的力量，這種力量有自身的運行規律，不是人的主觀意志所能左右的，人必須從歷史中學到教訓。法國哲學家伏爾泰說：「一個讀歷史不及格的人，我們必定罰他重修該課程。」所謂：「山不轉路轉，路不轉人轉。」二次大戰結束之前，有人問歷史家庇爾（Charles A. Beard, 1874－1948）對世局的看法，庇氏答曰：

（一）「上帝要毀滅一個人之前，必先使其瘋狂。」且看以斯帖記中哈曼權傾於朝，睥睨一切，一人之下，萬人之上，氣焰囂張，要所有人跪拜他。他向妻子和朋友炫耀成就，他要猶太人在羞辱中滅絕殆盡，但他得勢也只有幾年的光景而已（比較二⑯，三①、⑦），滅亡就速速到來。可見多行不義的人必自斃。天欲其亡，先令其狂。

（二）「上帝的磨子磨得很慢，卻是磨得很細」（The mill of God grinds slowly, but surely）。天網恢恢，疏而不漏。善有善報，惡有惡報，不是不報，時候未到。本書不是在說明一個神蹟——上帝偶然之介入，乃表明上帝如何在一切非

神蹟的事上居權管理，由此引到一個更大的神蹟——這就是歷史，也是以斯帖記之經緯。這就是天意與神蹟的分別：天意是由上帝之預知和權能而構成的，它告訴我們，上帝存在於我們一生的所有危機中，隨時保護我們、看顧我們。有人說得好：「祂常常延遲，卻永不太遲！」（He often delays, but never too late!）。在危難中，祂總是按著自己的時候來行事的——我們以為祂在「延遲」，但說時遲，那時快，就在緊要關頭的時候，祂現身了，使我們再次經歷祂的信實和能力，信心也就大大增加了！可見邪惡的勢力雖一時得逞，終究不是最後勝利！

（三）「蜜蜂盜取花粉，卻使花粉得以傳播。」殷憂啟聖，多難興邦，苦難仍是化妝的祝福。三千年來，以色列人始終是「獨居的民，不列在萬民中」（民二十三⑨），但是在西乃山，上帝啟示以色列人，他們是獨特但並不獨居，因為他們是上帝揀選的百姓，是向萬族宣教的媒介。因此，他們的存在更是屬靈的受託，為要執行上帝的使命，吸引萬民的心歸服耶和華，這就是宣教學者所說的「向心運動」（參拙著《宣教學原理》，天道書樓，1981，頁23）。

曾幾何時，猶太人亡國被擄，浪跡天涯，在列國中拋來拋去，特別在波斯時期，千鈞一髮，幾乎被斬草除根。但在被擄期間，分散在各處的以色列僑民將律法帶到地極去，積極以行動勸人歸依，遂有所謂「入教者」和「敬畏上帝的人」。這運動又稱為「離心運動」（同上書）。以斯帖記的

猶太人，大難不死，必有後福，家家慶祝普珥日。通過以色列人的宣告，有朝一日，「遍地要充滿認識耶和華榮耀的知識，好像水充滿洋海一般」（哈二⑬～⑭）。

（四）「黑夜愈深，愈能看到繁星（以斯帖的名字就是星星之意）點點，點綴寂寞的夜空。」以色列上帝的選民是祭司的國度、聖潔的國民（出十九⑥）。他們是天之驕子，所以必須分別為聖，他們的聖潔就是眾民的中保、外邦人的光輝（賽四十二⑥）。他們長年活在歷史黑暗的長河裡，有時不免自怨自艾，哭問蒼天，夜如何其夜未央，到底還要等多久，災難才過去？可是「遺民淚盡胡塵裡，南望王師又一年」，在這百無聊賴的等候中，那位姍姍來遲的果佗——彌賽亞——仍未來到，周遭環境又是那麼險惡，此時此地，只能以「風雨如晦，雞鳴不已」的古訓來勉勵自己。偉人是不甘寂寞的，也是不會寂寞的。上帝的百姓「苟全性命於亂世」不只是生命的本能，更是屬靈的託付。上帝命令他們「苟且偷生」，為要執行宣教的使命，正如風雨之夜愈黑暗，雞鳴的響聲愈高亢，為要震醒這耳聾的世界。

電影《影子大地》（The Shadowland）的主人公魯益師（C. S. Lewis）在他的愛妻逝世後說：「上帝在我們快樂的時候對我們低聲細語，在我們的良心裡娓娓道來，但在我們的痛苦中大聲疾呼：這是祂的擴音器用來喚醒一個耳聾的世界。」（God whispers to us in our pleasures, speaks in our conscience, but shouts in our pains: it is His megaphone to rouse a deaf world.）

IX
大綱與圖析

大綱：

A.以斯帖入宮（一至二章）

　　——瓦實提被廢（一章）

　　——以斯帖被選（二章）

B.猶太人危機（三至七章）

　　——哈曼的毒計（三章）

　　——以斯帖的妙計（四至七章）

C.上帝奇妙的拯救（八至十章）

　　——猶太人復仇（八至九章）

　　——末底改的高升（十章）

圖析：

以斯帖入宮				猶太人危機					上帝奇妙的拯救			
一至二章				三至七章					八至十章			
瓦實提被廢		以斯帖被選		哈曼的毒計			以斯帖的妙計		猶太人復仇		末底改的高升	
王的亂命	后的違命	被選的經過	被選的結果	哈曼的擢升	哈曼的傲慢	哈曼的陰謀	末底改的哀哭	以斯帖的妙計	末底改代哈曼的位	猶太人向敵人報仇	在波斯人中得榮	在猶太人中得榮
一上	一下	二上	二下	三上	三中	三下	四	五至七	八	九	十上	十下
一		二		三			四至七		八至九		十	
以斯帖的預備				以斯帖的機會					以斯帖的成功			
亞哈隨魯之筵席				以斯帖之筵席					普珥節之筵席			

註釋

楔子

　　希臘文的以斯帖記包括了一些重要段落作為楔子（成為基督教次經的一部分，天主教會則視之為正典），希伯來文聖經則沒有（所以和合本沒有翻譯）。有些人認為希臘文的段落是後加的，但有人則認為希臘文較接近原來的經文，只不過後來的希伯來文聖經刪去了某些段落。

　　在此特參考思高聖經學會的譯文（人名則盡量保留和合本的對等譯法），把希臘文版本獨有的經文謄出，作為整個故事的序幕，內容間或參考天主教《牧靈聖經》的譯文：

補錄甲
末底改的夢

　　[1]亞哈隨魯〔希臘文：Artaxerxes；思高：薛西斯〕大王統治的第二年尼散月初一，便雅憫支派的基士的曾孫，示每的孫子，睚珥的兒子末底改作了一個夢。[2]末底改是猶太人，住在書珊，在朝廷裡做大官。[3]從前巴比倫王尼布甲尼

撒將猶大王耶哥尼雅和百姓從耶路撒冷擄去，末底改也在其內。

4在他的夢中，大地充滿哭喊喧嘩，雷鳴地震，混亂一片。5忽見兩條巨龍前來，準備廝殺，發出狂吼怒號。6萬民都應聲備戰，攻擊正義的王族，7那是黑暗和恐怖的日子，世上滿佈憂患、痛苦、悲哀和暴亂，8所有正義的民族因害怕災難而受折磨，於是準備犧牲，向上帝哀號。9當此之際，由一小泉忽湧出了一條大河，水勢洶湧；10同時曙光和日頭升起，謙卑者受褒揚，強權者被吞沒。

11末底改夢見此事，就驚醒了；日有所思這個夜有所夢的內涵。

末底改救駕有功

12有一次末底改在王宮的庭院中休息，正值王的兩名近侍宦官革彼堂〔希臘文：Gabatha〕和特勒士〔希臘文：Tharra〕在那裡當班。13他無意中聽到他們在密謀一樁事情。他凝神細聽他們說的話，瞭解到他們是在策劃行刺王的行動。於是末底改去見亞哈隨魯王，把兩個宦官的陰謀告訴了他。14王特將他們招來審問，他們如實招認後，便被拉出去處決了。

15王親自記下此事，末底改也對此做了紀錄。16隨後王又授予末底改一項廷臣之職，賜他許多禮物以獎勵他所建的功績。

17但是，由於兩個宦官因末底改而死，因而波加伊族〔希臘文：Bougaion〕哈米大他的兒子哈曼便想向末底改和其他猶太族人尋釁報復，而哈曼是很得王賞識的。

這一段補錄（這些補錄或補篇在英文聖經叫Additions to Esther）正好作為本書開宗明義的補白摘錄，其內容如1至3節，是本書二章5至6節的預先出現；4至10節具有濃厚的「啟示文學」色彩，頗符合公元前二世紀之「末世論」思想風潮；12至17節則又是本書二章21至23節與三章1、6節的翻版。字裡行間充滿了斧鑿痕，卻不失為本書正反的摘要及介紹。

1**亞哈隨魯**：思高和牧靈作「薛西斯」，即波斯王薛西斯（Xerxes the Great, 486－465 B.C.）。約瑟夫在其《猶太古史》中認為亞哈隨魯是亞達薛西一世（Artaxerxes I Longimanus, 465－424 B.C.），但請注意在語文學方面的證據：

	薛西斯／亞哈隨魯	亞達薛西
波斯文	*Khshayarsha*	*Artakhshathra*
希伯來文	*ʼḥšrš; ʼḥšwrwš* (*ᵃḥašwērôš*)	*ʼrtḥšsṭ* (*ʼartaḥšastᵉ*)
希臘文	*xerxēs; assuēros*	*artaxerxēs*
英文	Xerxes/Ahasuerus	Artaxerxes

薛西斯與亞達薛西的拼法根本不一樣。以上考證源自古代語文專家葛亭法（George Friedrich Grotefend）從波斯城（Persepolis）廢墟的發現；他掘出了波斯的王宮，從其碑文中，發現大利烏的兒子名叫*Khshayarsha*。另一方面，從其他地方看到的薛西斯形象，與本書中的亞哈隨魯如出一轍。薛西斯在希臘史家希羅多德的筆下是一個高大俊美的波斯國君，也是雄才大略、運籌帷幄的統帥，更是一個善妒的情人，媲美舊約中的大衛王。可惜他英年早逝，在臥榻之側遭近臣謀士所殺。

尼散月初一：根據本書三章 7 節說是正月。在公元前六〇四年，約雅敬王臣事巴比倫王尼布甲尼撒（見王下二十四 1），被迫推行巴比倫曆。巴比倫曆不但是春曆，並且是真正的「月曆」，即按月亮的運行來計算月份，即是中國人所稱的「陰曆」（有關猶太曆法，請參附錄七）。

尼散月正是出埃及和逾越節的月份，提醒猶太人歷史上的救恩事件。

亞哈隨魯第二年：即為公元前四八四～四八三年，他的第三年（一 3）便是公元前四八三～四八二年，而他的第七年的提別月（二 16）便是公元前四七九年十二月或四七八年的一月初。公元前四八三～四八〇年間，亞哈隨魯所實施的反希臘政策，結果在撒拉米海戰的大敗中才告一段落。

末底改：聖經以外的歷史紀錄沒有明顯提及他，雖然在論及亞哈隨魯王早期的三個有影響力人物時，「馬他各」

（Matakos）是「最有影響力的太監」。一九〇四年在波斯城發現的泥版載有「馬爾杜克」（*Mardukâ*）曾在亞哈隨魯王朝中當職，正與以斯帖記本事時代相符。馬爾杜克意即同名的巴比倫男神（Marduk）的「人」或「崇拜者」。末底改有一個外邦甚至是與偶像有關的名字，並不稀奇，因為有很多猶太人取希伯來和巴比倫的名字（但以理和他的三友即一例）。在以斯帖記二章②節（比較尼七⑦），名單中有「末底改」，與所羅巴伯一同回耶路撒冷。這個末底改跟以斯帖記的末底改是否同一人？不可能；因為所羅巴伯回耶路撒冷是在以斯帖的故事發生前四十或五十年。有些學者由此算出末底改有一百二十歲以上，而以斯帖又被認為是他叔叔的女兒（二⑦），如此，在年齡上就不可能進宮成為新后。

問題圍繞關係代名詞 '*ašer*（who），很多學者硬指 '*ašer* 是指末底改，在這裡就產生枘鑿不合的現象。但如是 '*ašer* 是指其曾祖父基士（參NRSV），那麼問題就迎刃而解了；末底改和以斯帖都是被擄之後至少第四代的人，假設一代是三十年，那麼這個說法就言之成理了。

②～③：末底改絕對是本書的靈魂人物，所以他的家譜要和盤托出，以免師出無名。不過如果此處真為以斯帖記的原來部分，那麼二章⑤節的介紹則為無謂的重複，可見此處當為「摘要」的功能。本書開宗明義時，末底改便作了一夢，使他列身於聖經中那一批「美麗的作夢者」名單中，與約瑟和但以理等並列，這些名人名夢，交互影響，名垂千

秋，構成了一部多姿多采的救恩歷史。

末底改的夢記在④至⑩節（根據NRSV則是⑤～⑩節）。他夢見大地上充斥著一片喧囂和騷亂，兩隻巨龍蓄勢待發。天下大亂和「神龍擺尾」是啟示文學的主要特徵。雷聲轟鳴，地震山搖，象徵上帝的「缺席」和社會秩序的「禮崩樂壞」（參賽三十四⑨～⑪；珥二②～③），這也是中文所說的「黃鐘毀棄，瓦釜雷鳴」。「龍」的希臘原文是 *drakon*，英文迻譯作dragon，其中一龍顯然象徵敵對的邪惡勢力，在聖經中也以各種恐怖的獸類形象出現，如耶利米書九章⑪節的野狗、約伯記二十六章⑬節的神祕快蛇，以及詩篇七十四篇⑬節的水中大魚。在啟示文學裡，它是邪惡的主要象徵。如此看來，末底改的夢帶來壞的兆頭。此處的龍不是指真正的獸類或國家，而是指人物。還有，此處不是單指一人，而是二人，這是一種變體。又，第二條龍指主人翁之一的末底改（參「補錄己」，頁163）。上述「龍」的象徵並不符合末底改的正面品格，故作者的動機在此譎莫如深。

⑤：兩條巨龍張牙舞爪，發出怒吼；各國摩拳擦掌，蓄勢待發，撲向正義之國──以色列。補錄甲的以斯帖記版本提升為以色列和列邦之間啟示文學式的鬥爭（參珥二②、⑩～⑪；番一⑮），而非像希伯來文版本的個人衝突。值得注意的是⑦、⑧兩節展現啟示文學的語氣（參珥二②；太二十四㉙），憂心忡忡「以色列已經自廢武功」，準備好坐以待斃。從人的角度來看，可說是一籌莫展。這個惡夢將戰

爭帶上宇宙的舞台，成了靈界的惡鬥，而非單純是人間舞台的肉搏戰。

⑧～⑩：人們的禱告由宇宙的一角——上帝那裡得到回應，就像上帝垂聽了以色列人在埃及的哀求（參出三⑦～⑨，上帝差遣摩西來施行拯救）。希臘文以斯帖記第一次出現了上帝的字眼，與希伯來文聖經大不相同：上帝積極參與，但祂的救恩卻是難以理解；一條大河從一處很小的泉源流洩而出，天色破曉，太陽升起，水和光在以色列文學中象徵救恩（亞十四⑦～⑧）。此處所提及的救恩卻不太透明：泉源大河象徵以斯帖（參「補錄己」，頁163），但人民如何得救卻語焉不詳，巨龍是否被屠也未交代。然而，上帝拯救以色列的作為，卻是昭然若揭。因為**謙卑者受褒揚，強權者被吞沒**，這是典型的猶太人末世救恩的描述（參路一⑫～⑬）。

⑪：末底改和約瑟、但以理一樣，起初仍為夢境之謎百思不解。當事人雖然如此，但是讀者旁觀者清。正如約瑟夢見其兄長的光景一樣（創三十七⑤～⑧），末底改的夢到時候也要美夢成真。啟示文學的讀者都有一共同看見：邪不勝正，最終的勝利是屬乎上帝，祂才是本書的主人翁，每件事的發生都是造物者的精心策畫、運作的結果；惡人計謀被粉碎，上帝子民得拯救。

默想與討論

1. 希臘文的「以斯帖記補錄」和希伯來文本的以斯帖記有何關聯？

2. 如何解釋末底改和以斯帖的年齡問題？他們不都是「上了年紀」的人嗎？

3. 亞哈隨魯大王是何許人？他到底是薛西斯一世，還是亞達薛西？

4. 尼散月屬於哪種曆法？它到底是哪個月份？

5. 啟示文學有何特色？上帝在其中扮演何種角色？

12～17：這幾節經文與希伯來文本有矛盾。它們首先重複了二章21至23節，並有些微改變。如果「補錄甲」是更早的原文，那麼二章那幾節殊不必要，並且令人有畫蛇添足之感。不過，補錄此處更有可能是出自後來的編訂者的手筆。此處還包含時間上的矛盾：此插曲發生在以斯帖成為母儀天下的王后之前，而二章的情節則發生在以斯帖封后之後。這不可能是兩個不同的插曲，因為陰謀、角色和結果都同出一轍。末了，不但希伯來文本沒有記載，連約瑟夫的《猶太古史》裡也沒有這一段，顯示其原始性頗有疑問。

12：兩個太監的名字──彼革堂和特勒士──顯然是波斯名字，又是希伯來名（Bigthan和Teresh：和合本：辟探、提列；參二21）的轉訛。無論如何，他們反正是名不見經傳

的。宦官為禍，中外皆然。從秦代的趙高、東漢的「黨錮之禍」、唐朝的高力士，到明朝的嚴嵩、劉瑾、魏忠賢，以至清末的安德海、李蓮英，不一而足。

13：末底改無意中聽到行刺的計畫，如此就澄清了二章21節的曖昧部分。他於是躬親上報給王，而非假手以斯帖，像二章22節所說的，因為以斯帖這時尚未封后，當然不可能轉告王。然而兩個版本的矛盾在此就顯明了。此外，王拷問兩個太監，他們從實招供，就被拉出去處死了。

15～16：整件事的始末都被王記下了。希臘文沒有正式稱呼那份紀錄為「官府錄事簿」（即二23的「歷史」），而且添加了末底改對此也存了檔，但並未說明他這樣做的原因。末底改隨後又被授予官職，但是根據「補錄甲」的1至3節，他早已在波斯朝中做官，此處又見內部矛盾。不但如此，末底改也被賞賜許多禮物以嘉獎其耿耿忠心，這是理所當然的；問題是，六章1至11節的大張旗鼓、遊街示眾，似乎又有些多餘了，因他早已得到應有的獎勵。

17：倒是本段最末的經文顯示了真章：介紹哈曼及他仇視末底改的緣由。哈曼被稱為波加伊族哈米大他的兒子。「波加伊」可能是亞甲（Agagite）的音訛，也有人說是太監的頭銜，如秦朝的趙高在始皇帝死後位至丞相，權傾一時，可以指鹿為馬。不過這樣一來，哈曼若為太監，就不可能有十個兒子（九12）。無論如何，波加伊顯然是個貶詞，不足為訓（參Crawford, 951）。

有希臘文版本以「馬其頓人」取代波加伊人，這是指亞歷山大的繼承者。按亞歷山大在公元前三三二年征服了波斯帝國，波斯與希臘向為宿敵，亞哈隨魯王曾企圖征服希臘，卻在撒拉米和普來提亞戰敗，而亞達薛西繼續與雅典為敵。將哈曼冠上馬其頓人的稱呼，就使他變成波斯朝廷的「第五縱隊」。抑有進者，在希臘化時代，馬其頓人化身為西流古的君王，以安提阿古以比凡尼為首，成為猶太人主要的勁敵。

　　哈曼毫無疑問是猶太人和波斯人的公敵。事實上，聖經的字裡行間暗示，即使哈曼位極人臣，他是宦官二豎陰謀的幕後黑手。因此他對末底改的敵意，源於末底改破壞了他弒君的好事，而非僅出於末底改的不跪不拜而已。這就澄清了哈曼和末底改之間衝突的曖昧性，因為對講希臘語的猶太讀者而言，掃羅和亞甲的衝突畢竟有些陌生。

　　「補錄甲」包含了以上兩個不同的插曲，它們似乎都不是以斯帖記原有的內容，而且也可能出自不同的作者。尤其夢中所述情境可能在貼連於以斯帖紀事本末之前，已經風行一時，其形象和象徵並不全然切合以斯帖記的風格和事件。不過太監的陰謀插曲，與以斯帖和末底改應是息息相關，只是被放置在這裡，充滿了明顯的斧鑿痕，似乎小說編訂者的手法並不太高明，難道這是它不受更正教青睞的原因？

默想與討論

更正教一向對次經、偽經有保留。前者是七十士譯本的聖經補篇，後者更是等而下之，連邊都沾不上。但此處顯然是作為正文的「摘要楔子」，讓讀者一目瞭然，固無可厚非，其中的啟示文學色彩躍然紙上。

除但以理書外，在正典裡屬啟示文學類型的還有撒迦利亞書後半部；在次經裡有《以斯拉四書》（又稱《以斯德拉二書》）；偽經中有《以諾書》、《巴錄啟示錄》、《巴錄三書》、《摩西升天記》；死海古卷中有《戰爭法規》，描寫「光明之子」與「黑暗之子」的鬥爭。直到新約時代，約翰的啟示錄可說是早期基督教啟示文學的傑作。

1. 你認為「補錄甲」的內容是否有畫蛇添足之嫌？試舉例說明之。

2.「宦官為禍，中外皆然」。試舉例說明中國歷史上的「權閹禍國」事例。

3. 你認為末底改為何記了大功之後，還恐怕「口說無憑，立此存照」，照樣歸了檔？他的動機為何？

4. 末底改是否已得到應有的獎勵？他後來的遊街示眾和哪位聖經人物可相比擬？

5. 你認為哈曼對於末底改的敵意原因何在？

6. 試述你個人對聖經的「正典」、「次經」、「偽經」的看法。

第一章

1~8節　亞哈隨魯王大擺筵席

1 亞哈隨魯王，從印度直到古實，統管一百二十七省。
2 亞哈隨魯王在書珊城的宮登基；3 在位第三年，他為一切
首領臣僕設擺筵席，有波斯和瑪代的權貴，就是各省的貴冑
與首領，在他面前。4 他把他榮耀之國的豐富和他美好威嚴
的尊貴給他們看了許多日，就是一百八十日。5 這日子滿
了，又為所有住書珊城的大小人民在御園的院子裡設擺筵席
七日。6 有白色、綠色、藍色的帳子，用細麻繩、紫色繩從
銀環內繫在白玉石柱上；有金銀的牀榻擺在紅、白、黃、黑
玉石鋪的石地上。7 用金器皿賜酒，器皿各有不同。御酒甚
多，足顯王的厚意。8 喝酒有例，不准勉強人，因王吩咐宮
裡的一切臣宰，讓人各隨己意。

1：以斯帖記在原文和某些英譯本開宗明義都是以「事
情發生在……」（NIV: "This is what happened……"; NRSV:

"This happened in……"; AB: "It was in the days of……" ；原文
為*wyhy*）的公式開始，這在其他歷史書上也出現過，如約書
亞記、士師記和撒母耳記等。不管我們對本書的歷史性抱持
何種看法，作者使用這種公式化的引言，意欲他的讀者接納
本書內容為歷史上曾實際發生過的事件。

事情發生在亞哈隨魯王執政的時代（486－465 B.C.：亞
哈隨魯是希伯來文名字，史稱薛西斯，詳參「補錄甲」第1
節註釋），他的名字是音譯自波斯名*khshayarsha*，希伯來文
本身沒有什麼意義，不過其諧音在英文聽起來好像是「頭痛
王」的意思。亞哈隨魯繼承大利烏（或譯大流士）一世，耶
路撒冷就是大利烏的時代重建的（參該二1～9；亞七1，
八9）。亞哈隨魯在以斯拉記四章6節提到他剛登基的時
候，就遇到第一樁頭痛的事情，那時耶路撒冷的本地人上本
控告猶太人，不准他們重建聖殿、大興土木。

亞哈隨魯所統治的版圖是從印度直到古實，亦即由
今日的巴勒斯坦直到北蘇丹。有歷史家懷疑這一百二十七
省的真確性。波斯帝國的標準轄邦，通常稱為「藩鎮」
（satrapy），由當時的「節度使」或「太守」（satrap；但
六1譯作「總督」）管理，責任包含稅賦和練兵。這很像唐
玄宗時代於中國邊境置十節度使，以禦外番；各鎮數州甲
兵，復掌財賦，是為藩鎮。當時波斯幅員廣大，需要許多
「藩鎮」來招兵買馬，維持國防和治安。根據希羅多德，亞
哈隨魯的父親大利烏設立了二十個「藩鎮」，涵蓋六十七個

部落和族群（LCL 3.89）。不過沒有文獻可徵在歷史上曾有一百二十七個藩鎮之多，甚至也沒有但以理書六章①節所說的一百二十個那麼多。

不過此處的希伯來文不是指「藩鎮」，而是指「省」，可能是環繞城市的大都會地區。在但以理書二章⑲節，同樣的希伯來字指「巴比倫省」；在以斯拉記二章①節和尼希米記七章⑥節，它是指耶路撒冷城所在的猶大省，而猶大省則是橫貫幼發拉底區域的大藩鎮之一個細小部分。我們不太清楚省和藩鎮之間的關係，但是省份的數目想必比藩鎮多許多。抑有進者，由於在戰事中的得失增損，省份的數目或許會有改變。再者，藩鎮是君王隨心所欲的行政單位，其數目有可能改變以適應行政需要。故此，考古發現波斯歷史文獻在不同時間的數目可能有出入，實不出奇。

以斯帖記和但以理書所記的數目很接近，可能它們是指較小的行政單位。一些古代的註釋者認為這些數字象徵亞哈隨魯統治全世界：12（以色列的眾支派）×10（滿足的數目）＋7（完全的數目）（參Paton, 124）。布希指出一味執著於歷史性的關懷掩蓋了敘事中數字的宗旨：「採用了大而無當的數字意在宣揚愛國的壯觀和榮耀，為整章提供了揶揄嘲弄的圖畫」（Bush, 345）。這種「普天之下，莫非王土，率土之濱，莫非王臣」的誇大說法與第一章所描繪的波斯帝國很一致；將帝國的藩鎮數目借用自小行政單位的數目，也可暗示猶太人將是「無所逃於天地之間」，死亡聖旨一到，

天下之大，無處可以容身。

２：書珊城是波斯王的四個行宮之一，其他是亞瑪他（參拉六２）、巴比倫和波斯城。此地為避暑行宮，因為其他地方到了夏天酷熱異常，難以忍受。但以理從前在書珊城中亦見異象（但八２）；以後尼希米亦在該地擔任亞哈隨魯之子亞達薛西一世的酒政（尼一１）。

亞哈隨魯在公元前四八六年十一月登基，時年三十二歲。以斯帖記發生的年代始於他登基的第三年，約有十年的光景。此其時也，波斯正與希臘交惡，亞哈隨魯出兵進犯希臘西部邊陲。亞哈隨魯之父大利烏曾企圖染指雅典，但無功而返，整個帝國被弄至兵疲馬累，休養生息了幾年，此刻再度磨刀霍霍，準備另一次的大舉。

書珊城是一個衛城，位於巴比倫東北二百哩，佔地二畝半，是以攔的古都。宮的希伯來文bîrâ是指王宮或堡壘，並非指整個京都，而是指京都內王宮的那部分（AB: "Acropolis of Susa"; NRSV: "Citadel of Susa"）。一八八四至一八八六年，法國考古家狄勒福（M. Dieulafoy）發現了包含王宮建築物的衛城及各種寶物，今日可在巴黎羅浮宮參觀其盛。

３～４：亞哈隨魯第一次「置酒未央宮」，是在登基的第三年，這與其運籌進攻希臘的公元前四八三年之大戰會商年代相等。亞哈隨魯藉此召集點閱書珊城內的一切首領貴冑、文武百官，就是想凝聚共識，使得眾志成城，來為侵希鋪路。波斯帝國的廣大版圖東起今日的巴勒斯坦，西迄土耳

其，包含許多人民族群、語言和宗教。在這廣大的領土和混雜多樣的臣民當中，尚能維持一個大一統的局面，實在非同小可！中外歷史上尚無一個雷同的王室大宴群臣，卜晝卜夜，到半年之久。昔商紂以酒為池，懸肉為林，使男女裸，相逐其間，為長夜之飲（見《史記・殷本記》）；漢武帝也曾設酒池肉林於未央宮，令外國客遍觀各倉庫府藏之積（見《史記・大宛傳》），但都沒有這麼長的時間。君臣同樂，曠日到半年之久，政事早已荒廢，顯然此處有誇張之嫌！在此一百八十日的「工作宴會」中，亞哈隨魯乘機展示國威，讓各方諸侯「觀國之光，利用賓於王」，使群臣大開眼界，咸稱聖上英明，而不敢再生二心。希羅多德記載亞哈隨魯大宴群臣這一幕，與以斯帖記的宴席頗有相符之跡，其「皇帝詔曰」內容如下：

> 為此原因朕今召集爾等來朝，宣告寡人旨意。朕指定跨越希利斯本海峽，使朕之軍隊通過歐洲，長驅直入希臘，以懲罰雅典人對波斯人及先王之不敬。先王大利烏出師未捷，壯志未酬身先崩殂，朕繼先人遺志，出師討伐雅典，夷其為平地，誓無噍類……至於爾等，如期應召，欣然來朝，寡人龍心大悅：爾等整軍經武，兵精糧足，論功行賞，德冠三軍（LCL 7.8）。

由此看來，亞哈隨魯已經操控全局，坐穩江山，方有閒

情逸志來大宴群臣。按史書記載其登基之初面臨埃及和巴比倫之叛，他隨即以迅雷不及掩耳之軍機予以敉平，直到第三年方才舉行慶功宴。

波斯和瑪代（又譯「米底亞」）為兩個同文同種之不同國家，很像從前希臘和土耳其的關係，大家脣亡齒寒，卻又勾心鬥角。瑪代曾與巴比倫聯盟而推翻了亞述帝國。先知約拿曾預言亞述首都尼尼微的毀滅結局，雖曾一度延宕，至終於公元前六一二年被瑪代人一舉攻下；至此瑪代人成為兩國的盟主，迄大利烏又成為盟主的繼承人，因其父為波斯人，母親為瑪代人。迄大利烏以還，兩大帝國聯盟稱為「波斯和瑪代」，直到其子亞哈隨魯的時代也是這麼稱呼，這吻合歷史記載。

⑤：半年的文武百官嘉年華會期滿了，又再安排七天的「流水席」給書珊城的老百姓——即大小人民。這些黎民百姓無疑在先前半年「盡了地主之誼」，現在輪到他們也來享受一下「天子腳下」的帝王恩寵了。

⑥～⑦：描述筵席盛況的重點放在御園的陳設和器皿，而非放在類似「滿漢全席」的山珍海味上面。御酒甚多，足顯王的厚意，如此「百官之美」，可見「宗廟之富」，見微知著，想像其太平盛世！書珊行宮的寶藏媲美阿房宮，連一百年後的亞歷山大大帝見到都歎為觀止。

⑧：波斯人的「海量」——大口喝酒，似乎「有例」可循，不准勉強人……讓人各隨己意。根據希羅多德，通常飲

酒唯王上馬首是瞻，王喝了，大家才跟進，此處卻說「不准
勉強人」。此例（*dāt*），原文顯然指特例，止此一次，下不
為例：各人可隨意飲酒，牛飲小酌，聽憑君意，毫不勉強。
「例」字在本書裡通常是指王室的規矩，顯示朝中諸事一舉
一動、一言一行，悉憑君主的喜怒而定，包括飲酒的舉動在
內。

　　至於波斯王宮的雕欄畫棟，在出埃及記二十五至二十八
章裡的「山上的樣式」，以至列王紀上七章和歷代志下三至
四章的聖殿藍圖，均有類似的描繪。固一世之雄也，而今安
在哉？

默想和討論

　　本段寥寥數語道出波斯王朝的驕奢淫穢。四年後亞哈隨
魯征希遭遇滑鐵盧，回來後痛定思痛，此處已然種下敗亡之
基。

　　1. 試從中外歷史上列舉好大喜功的君王，敘述其「由燦
爛之極歸於平淡」的契機。

　　2. 亞哈隨魯大宴群臣的主要動機何在？除了宣揚國威以
外，還有什麼可能性？

　　3. 從亞述到巴比倫、波斯、希臘、羅馬的近東歷史進
程，對猶太人和基督徒有什麼影響？

　　4. 根據詩篇第二篇和啟示錄十八章的描述，上帝對列邦

列國抱持什麼態度？基督徒當抱持什麼態度（參弗一⑩）？

5. 本書除了「喝酒有例」之外，還有何例？「例」字當作何解？基督徒是否可以「違例」？

6. 中國歷史上的帝王除了堯舜禪讓之外，到了大禹時代便開「家天下」之局面，所以有夏桀的烽火兒戲、商紂的酒池肉林、秦皇的阿房淫宮、漢代的未央宮不一而足……希伯來的智慧對君王有何諷諫？（參箴二十一①）

7. 本書的奢侈光景對當今的「自減財赤」（Sequestration）有何啟示？基督徒應該如何回應？（參孔尚任《桃花扇》：眼看他起高樓，眼看他宴賓客，眼看他樓塌了）。

一章⑨～㉒節　瓦實提違命被廢

⑨王后瓦實提在亞哈隨魯王的宮內也為婦女擺設筵席。

⑩第七日，亞哈隨魯王飲酒，心中快樂，就吩咐在他面前侍立的七個太監米戶幔、比斯他、哈波拿、比革他、亞拔他、西達、甲迦，⑪請王后瓦實提頭戴王后的冠冕到王面前，使各等臣民看她的美貌，因為她容貌甚美。⑫王后瓦實提卻不肯遵太監所傳的王命而來，所以王甚發怒，心如火燒。

⑬～⑭那時，在王左右敘見王面、國中坐高位的，有波斯和瑪代的七個大臣，就是甲示拿、示達、押瑪他、他施斯、米力、瑪西拿、米母干，都是識時務的明哲人。按王的

常規，辦事必先詢問知例明法的人。王問他們說：[15]「王后瓦實提不遵太監所傳的王命，照例應當怎樣辦理呢？」[16]米母干在王和眾首領面前回答說：「王后瓦實提這事，不但得罪王，並且有害於王各省的臣民；[17]因為王后這事必傳到眾婦人的耳中，說：『亞哈隨魯王吩咐王后瓦實提到王面前，她卻不來』，她們就藐視自己的丈夫。[18]今日波斯和瑪代的眾夫人聽見王后這事，必向王的大臣照樣行；從此必大開藐視和忿怒之端。[19]王若以為美，就降旨寫在波斯和瑪代人的例中，永不更改，不准瓦實提再到王面前，將她王后的位分賜給比她還好的人。[20]所降的旨意傳遍通國（國度本來廣大），所有的婦人，無論丈夫貴賤都必尊敬他。」[21]王和眾首領都以米母干的話為美，王就按照這話去行，[22]發詔書，用各省的文字、各族的方言通知各省，使為丈夫的在家中作主，各說本地的方言。

[9]：按照希羅多德的說法，亞哈隨魯的王后是亞美翠（Amestris），而不是瓦實提，即使當她是以斯帖也有困難。然而希氏也指出王的後宮妃嬪眾多，三千寵愛在一身的也不少（《波斯戰史》7.114; 9.108 ff）。

王后母儀天下，賜宴正宮，款待女賓更是無可厚非。史冊所記，波斯男女可以共宴，但是飲酒一開始，婦女就會先行告退（參LCL 5.18; 9.110）。本書記載波斯王置酒未央宮，男女分宴，以免酒後失態，頗符歷史常情。

不少註釋家指出以斯帖紀事本末中，「宴會」主題的重要性。宴會象徵重要事件（一③～⑨，三⑮），表現結局（二⑱），提供事件持續發展的背景（五⑤～⑧，六⑭至七⑩）。宴會提示某重大事件已經發生或正在醞釀中（參Berg, 31－57）。

⑩～⑫：饗宴的第七天，亞哈隨魯王開懷暢飲，喝得酒意正濃的時候，便亂命王后在眾臣民面前展現冠冕和美貌。古代東方人，特別是游牧民族，很少喝清酒、濃酒，即使是有酒癮的人，也沒有現代西方人喝得那麼凶。但東方人參加宴會的時候，就非喝得酒酣耳熱、玉山頹倒不可。有時甚至東倒西歪、搖頭擺腦，口出污言，赤身露體，醜態百出。潔身自愛的女性，自然唯恐不及地避之則吉，遑論貴為國母的王后。不過，希羅多德解釋波斯人的飲酒多與軍國大事有關（參斯三⑮），正如羅馬人的許多軍機國事是在澡堂裡完成的一樣。

> 抑有進者，波斯人的習慣是在喝得醉醺醺的時候，商議軍國大事。翌日，當議事處的一家之主提出他們同意的議案時，在他們清醒的時候仍尚同意的話，他們就付之行動；否則的話，他們就置之一旁。他們在清醒的時候所討論的事情，就在他們喝醉的時候做決定（LCL 1.133）。

這種習慣在現代人眼中簡直不可思議，但是古人相信酗

酒能使人與靈性世界交往（參徒二 12 、 15 、 17 ，弗五 18 ）。如果希羅多德是對的話，亞哈隨魯的軍政會議中的諸參謀一定都要喝得酩酊大醉，才能大奏凱歌了！

七個太監除了聖經之外，這些名字沒有在別的地方出現過，他們顯然是波斯人。在波斯城的一個庫藏圖表上，有一個叫「甲迦」的人。太監專權，中外皆然，他們不只服侍王的女眷，更參與行政。《後漢書・宦官傳論》有云：「中興之初，宦官用閹人，不復雜調他士」。東漢的亂源——宦官、女后、外戚和朋黨——綱紀敗壞，鬥爭相殘，株連達千餘人，造成漢朝瓦解，三國鼎立。

頭戴王后的冠冕：直譯是「頭戴王室的頭巾」，這塊頭巾是用藍色和白色布造的，可能包括冠狀的頭飾。**她的美貌**：猶太解經家把瓦實提列為歷史上四大美人之一；本書已佔兩位，其餘兩位是猶滴和蘇撒拿。

豈知瓦實提不甘被當作大王展現權柄和榮耀之工具！雖然王鄭重其事地差派七個太監去迎接，然而瓦后公然抗命，不肯上路，使得太監乘興而去，敗興而返。這種「迎后盛事」，旨在展現大王的威儀，漪歟盛哉，偏偏遇到王后「敬酒不喝，喝罰酒」，使得大王盡失體面，著實「是可忍孰不可忍也」，致令「王甚發怒，心如火燒」。亞哈隨魯王性格特質之一就是他的暴躁易怒（參七 7 ：「王便大怒，起來離開酒席往御園去了。」）。

王后瓦實提卻不肯：聖經沒有明說瓦實提為什麼斷然

拒絕王命，很多人提出了不同的見解。約瑟夫說，按照當時的習慣，陌生人是不准正視王后的面貌；但又有人認為她是恃寵生驕，不屑出來見那些喝得東倒西歪的男人。另一說是她身體不適、不便見客。然而，當時王的要求並未違背波斯風俗，反而因為那是經由太監傳達的「聖旨」，所以貴為王后，竟膽敢抗旨，就是犯了「欺君之罪」，屬「大不敬」（按中國《唐六典》尚有對捍詔使而無人臣之禮，亦為大不敬）。

默想與討論

1. 瓦實提以王后之尊，拒絕王的「亂命」，是否符合「富貴不能淫，貧賤不能移，威武不能屈」的古訓？

2. 波斯的「宴會」有何功能？試舉例說明歷史上著名的宴會及其有關的歷史事件。

3. 東漢的亂源為何？結局如何？本書中的太監、王后、外戚和權臣之間有何互動？結局又如何？

4. 猶太傳統上四大美人是何許人？她們各有什麼可歌可泣的故事？

5. 你對飲酒的看法如何？波斯人的飲酒習慣有什麼重要歷史背景？與商議軍國大事有何關聯？

13～14**常見王面**：意指他們有特權可以不用通傳，直接

去見王（參LCL 3.84）。常人不能直接見王，故這種特權非比尋常。**坐高位的**：他們在波斯朝中高高在上，是最高階的官員。**七個大臣**：希羅多德說這是王的最高級參謀、內閣。請注意一連串的「七」的數字；七日筵席、七個太監、七個大臣；這個數目對波斯人有特殊意義。

達時務的明哲人：可能是指星相家。當時亞哈隨魯王左右常有星相家相隨，王常諮詢他們的意見。希羅多德曾提過一個相似的例子（參LCL 1.99; 3.77, 84）。但經文接下來便描述那班人精通律法和判案，所以有人認為通達「時務」（*'ittîm*; NIV;"times"）其實應該是通達「法律」（*dātîm*）。此外，經文中的七個名字，由甲示拿到米母干，很可能是如假包換的波斯名字，在別處沒有雷同的記載。**按王的常規，辦事必先詢問知例明法的人**：這可能是指王日理萬機，國家大事才需「每事問」，既然「廢后」一事關乎國家命脈的永續經營，非同小可，自非請教高明指點不可。

[15]～[20] **照例**：此處的「例」，指的是王室規矩，其原則有可能擴及一般波斯的法例，故影響可大可小。**這事不但得罪王，並且有害於王各省的臣民**：米母干這一席話，把王的面子、裡子全部顧到；一來可以平息王個人的恩怨，二來很巧妙地提出事情會有各方面的影響。個人的面子事小，國家社會攸關就不同凡響了。此例一開，一國之君、一家之主的地位全部動搖，遑論號令三軍，同仇敵愾？從此必大開藐視和忿怒之端才是節骨眼的所在。

寫在波斯和瑪代人的例中：王室的一樁不稱心的「夫婦齟齬」，充其量只是「不聽從夫命」，不料一下子演變為國家大事，影響全國的夫婦關係，造成家庭的緊張。請注意，此處所提及波斯和瑪代兩國的次序，與但以理書六章⑧節等經文相反，顯出這時波斯比瑪代強大。永不更改：這是王的「丹書鐵券」，天子無戲言，當然不能朝令夕改，出爾反爾。另一方面，那些獻議的人也可能怕王會改變主意，一旦瓦實提重操大權，君子報仇三年不晚，那時就吃不完兜著走了。此條款曾出現於先王大利烏的時代（參但六⑧、⑫、⑮），是權臣構陷但以理的怪招。不過除了聖經以外，尚未有其他資料顯示波斯的法律是鐵令如山、永不更改（參LCL 9.109）；因此，有人認為這是作者為增加故事的緊張氣氛之舉（參Levenson, 52）。

　　不准瓦實提再到王面前：瓦實提一念之差，全盤皆輸，淪為「深宮怨婦」。由於她的違命，使她永遠不得再到王的面前。在此聖旨中，她連頭銜也被奪去，第一次在整個故事中，僅稱為瓦實提而非「王后瓦實提」。米母干更建議把她王后的位分賜給另一個比她「更好」的女人。更好可能指更聽話、百依百順、更能母儀天下的奇女子。聖旨一下，奉天承運，皇帝詔曰，永矢勿諼，瓦實提從此淪為「碧海青天夜夜心」了。米母干如此小題大作，把兩個人的嘔氣事件昇華為國家大事，並說這是為了社稷之福，慈惠王壯士斷腕；這一招，將來哈曼也如法炮製在猶太人的身上（參三⑧）。

瓦實提的影響力被認為是非同小可，因此為了殺雞儆猴，必須將她打入冷宮，使得天下婦女從此以她們的丈夫馬首是瞻，始之於七大臣的一品夫人。故此，瓦實提的浮沉必須昭告天下，以達教化的目的——「無論丈夫貴賤都必尊敬他」（⑳節）。

　　㉑～㉒：王和諸大臣都認為此言有理，遂照此行事。**用各省的文字、各族的方言**：在幅員廣大的波斯帝國中有很多方言和文字，亞哈隨魯王的詔書可能是用波斯文、以攔文、巴比倫文和亞蘭文寫成的，但這種說法沒有在聖經以外被提及。**使為丈夫的在家中作主**：耐人尋味的是詔書並未提到瓦實提；反而主要在於一振夫綱（詔書的主人本身卻未得如此！）

　　各說本地的方言（*klšwn 'mw*）：這句經文很難解，希臘版本和NRSV乾脆刪去；而NIV則置之於第一個子句（即「使作丈夫的……」）之前，效果等於「用各省的文字、各族的方言」，重複了同一個意思。有人解釋這句的意思是男人要用家鄉話與妻子交談，目的是顯出丈夫為一家之主，故堅持要用夫家的方言來顯示他在家中的最高權柄（參新譯本、思高、現中）。AB則作say whatever suited him（「從心所欲地說話」）。霍士（Fox, 23）認為這詔書是行不通和令人發笑的，波斯國四通八達的快遞系統被「用來傳遞一項愚行」；令人聯想到唐玄宗寵妃楊玉環好食荔枝，明皇便利用王家的驛使由四川涪州快遞到長安，以博妃子一笑。

如是，瓦實提鞠躬下台，為以斯帖的出場開路，拉開了整本書的主場序幕。

對許多現代詮釋者來講，瓦實提是女性主義的英雄，用行動抗拒大男人主義「揮之即來，呼之即去」的頤指氣使；在這種思維框架下，她當然比柔順的以斯帖更受歡迎。不過，在故事中，瓦實提失敗了，以斯帖卻成功了。成功的領袖第一要先保住地位。權力的主題——誰擁有、誰獲取、誰失去——在整個故事中好像萬花筒一樣千變萬化。亞哈隨魯王好像傀儡，連自家的事務都處理不了：先是妻子公然違命，跟著還要請教七大臣如何收拾局面。單說有權力還不夠，必須要有智慧和技巧來使用之。

英國傳記作家史萃奇在其代表作《維多利亞女皇》中，曾提及女皇與皇夫亞爾拔親王神仙眷侶般的恩愛情形。有一次小倆口發生齟齬，皇夫拂袖而去，並關上臥室，女皇回來時竟不得其門而入。當女皇敲門時，裡面有聲音問曰：「哪一位？」答曰：「英國女皇」，不料門閉如故。再敲門時，又有聲曰：「哪一位？」此次女皇降低聲音說：「維多利亞女皇」，臥室仍緊閉不開。當第三次問到「哪一位」時，女皇柔聲說：「亞爾拔，這是您親愛的妻子維多利亞！」房門呀然而開，小倆口恩愛如初。

1. 作者在此想傳達什麼信息？婦女在社會中的地位和角色應該如何調和平衡？

　　2. 試論瓦實提的為人處世，你贊成女性主義者的觀點，認為她這樣做是有骨氣的表現嗎？中國歷史上的武則天、慈禧太后是如何奪權成功的呢？

　　3. 你認為每一個丈夫都應該是一家之主嗎？在二十一世紀，夫婦角色的易位對社會有何影響？

　　4. 在家庭中，如何做到梁鴻、孟光式的「舉案齊眉」？是否藉著政府的立法？還是有其他更好的方法呢？（參弗五22～33）

第二章

1～11節　遴選秀女以斯帖進宮

1這事以後，亞哈隨魯王的忿怒止息，就想念瓦實提和她所行的，並怎樣降旨辦她。2於是王的侍臣對王說：「不如為王尋找美貌的處女。3王可以派官在國中的各省招聚美貌的處女到書珊城（或譯：宮）的女院，交給掌管女子的太監希該，給她們當用的香品。4王所喜愛的女子可以立為王后，代替瓦實提。」王以這事為美，就如此行。

5書珊城有一個猶大人，名叫末底改，是便雅憫人基士的曾孫，示每的孫子，睚珥的兒子。6從前巴比倫王尼布甲尼撒將猶大王耶哥尼雅（又名約雅斤）和百姓從耶路撒冷擄去，末底改也在其內。7末底改撫養他叔叔的女兒哈大沙（後名以斯帖），因為她沒有父母，這女子又容貌俊美；她父母死了，末底改就收她為自己的女兒。8王的諭旨傳出，就招聚許多女子到書珊城，交給掌管女子的希該；以斯帖也送入王宮，交付希該。9希該喜悅以斯帖，就恩待她，急忙

給她需用的香品和她所當得的分，又派所當得的七個宮女服侍她，使她和她的宮女搬入女院上好的房屋。[10]以斯帖未曾將籍貫宗族告訴人，因為末底改囑咐她不可叫人知道。[11]末底改天天在女院前邊行走，要知道以斯帖平安不平安，並後事如何。

[1]**這事以後**：瓦實提不買亞哈隨魯的帳，時當公元前四八三年，為其登基的第三年，以斯帖卻是在其登基後第七年封后，時當公元前四七九年（斯二[16]～[17]）。中途發生了伐希臘不成，慘遭滑鐵盧。亞王灰頭土臉地班師返朝，幾乎無顏見江東父老，以斯帖就在這個時候以秀女身分遴選入宮，稍轉其好大喜功的心意。但希羅多德記其荒淫無恥，窮奢極慾，並與其軍官的妻子有染，效株林之樂，終於在公元前四六五年在牀上被刺，死於非命。**忿怒止息**：事過境遷之後，亞王舊情復燃，想念瓦實提的種種好處，以及自己狠心地降旨懲辦她的衝動，不覺有些後悔，心中悵然若失（對中國文學有興趣的讀者，可參附錄八：「中國宮怨詩」）。

[2]**侍臣對王說：「不如為王……」**：稱呼王皆以第三人稱，這是宮廷的禮數。只有哈曼在三章[8]節和以斯帖在七章[3]節，用第二人稱與亞哈隨魯王對話（參新譯本，NRSV，NIV），雖然和合本仍以「王」稱之，通俗一些，可稱「陛下」。侍從建議王可以另選處女作王后，原因可能是為免瓦實提捲土重來後，會遷怒他們，帶來大禍。侍臣（*nĕārîm*）

原文指年輕人。**美貌的處女**（*bětûlôt*）：指待字閨中、年輕美麗的少女。

　　③～④**王可以派官在國中的各省招聚……交給掌管女子的太監希該，給她們當用的香品。王所喜愛的女子可以立為王后**：與中國傳統比較，請參「附錄九：中國古代納后禮」。

　　⑤**書珊城有一個猶大人，名叫末底改，是便雅憫人基士的曾孫，示每的孫子，睚珥的兒子**：末底改的三代家譜，請參「緒論」及「補錄甲」。此處要補充的是他們的曾祖父既為基士，就與另一個赫赫有名的便雅憫人——掃羅王——的父親基士（撒上九①～②）雷同。也許本書作者是要讀者瞭解末底改的祖先與掃羅的祖先「五百年前本一家」。所謂**兒子**也者，在聖經的家譜慣例都可作「後裔」解。如果我們把基士放在被擄的人中，掃羅的父親和末底改的曾祖就不可能是同一個人。無論如何，本書作者介紹末底改的方式，將他置於被擄的大環境中，並使他與掃羅結下不解之緣，有利於以後事態發展的關聯（參三①的註釋）。

　　⑥**從前巴比倫王尼布甲尼撒將猶大王耶哥尼雅和百姓從耶路撒冷擄去，末底改也在其內**：此處經文完全與「補錄甲」第3節重複，不過後者是摘要的功能，一直到這裡，末底改才開始正式亮相。可是如前所言，有關末底改的來龍去脈，牽扯著歷史年代的針線（參「補錄甲」第①節註釋）。……**擄去，末底改也在其內**：希伯來文沒有「末底

改」一字，只有關係代名詞「他」，這個「他」是指基士（思高和NRSV如此翻譯）、末底改、或猶太人的統稱？（類似的問題經文是創四十六 27，該處的原文說約瑟的兒子與雅各一同下埃及。）這個「他」不可能指末底改，否則當以斯帖作王后時，他已經一百二十歲了，而以斯帖也在六十歲以上了。故此，「他」可能是指末底改的家族，而非他本人。

7哈大沙：意思是「桃金孃」，乃一植物的名稱。以斯帖這名字可能是從巴比倫的愛神兼戰神伊斯他（Ishtar，或稱亞斯他錄）而來；另有人認為此名源自波斯文 *stâra*，即星兒。以斯帖和末底改的關係既為堂兄妹，又為養父女，「因為她沒有父母」。**容貌俊美**：根據猶太拉比的說法，以斯帖為「四大美人」之一，其餘三美分別為：撒拉、喇合和亞比該（《他勒目・以斯帖經卷》〔*Megilla*〕15a）；另一說三美為：瓦實提、猶滴和蘇撒拿。「容貌俊美」的以斯帖與「容貌甚美」的瓦實提互相稱應，這是為她將來在波斯宮中集「三千寵愛在一身」而鋪路。

如果以斯帖的意思是為愛和戰爭的話，這倒符合以斯帖記女主角所扮演的角色：一、她的容貌出眾，壓倒眾女，王登基第七年提別月，一夜之間，「始是新承恩澤時」，寡人龍心大悅，小家碧玉脫穎而出，成為王后——「愛的女神」。二、王后斬草除根，趕盡殺絕，翌日在書珊城宣戰，將哈曼十子的屍骨懸掛示眾——十足一副「復仇女神」的圖

畫！這就是哈大沙後名以斯帖的緣由，她既是愛神，又是戰神。她的名字恰如其分，顯然並非歷史性的真名。如此一來，一個猶太女子不因她的希伯來原名流傳千古，反而因為巴比倫偏名而家喻戶曉，充分突顯她的故事角色。

一位想當然爾是猶太人的作者，以巴比倫名字來紀念末底改和以斯帖的光輝事蹟，動機實在耐人尋味。作者可能唯恐猶太人在被擄期間樂不思蜀，故而製造巴比倫式的異教救星「馬爾杜克」和「伊斯他」，不過他們至終仍臣服於猶太人隱而未現的上帝。

在本故事中，以斯帖是唯一具備兩個名字的人。有學者認為這是作者表現「以斯帖是一個住在兩個世界的女人」——一個為血濃於水的猶太世界，另一個為被形勢捲入的波斯宮廷（參Ryken, 118）。一般來說，一個希伯來人具有希伯來名字及其僑居文化下的另名，並非不尋常。但以理及其三友在被擄時就有巴比倫的名字（但一 6 ～ 7 ）。外邦人的大使徒原名掃羅，又稱保羅。美國的新移民就同時具有本國名字和英文名字。故此，一人雙名說明：一個人可能在兩個文化背景中左右逢源，而不一定代表他的生平和志事。

以斯帖在故事開端僅一次被稱為哈沙大（二 7 ），另一次稱為「亞比孩的女兒」（二 15 ），到故事的末了才是全名「亞比孩的女兒——王后以斯帖」（九 29 ）。從「哈大沙」到「王后以斯帖」，就是「飛上枝頭作鳳凰」的故事，其中不但包含兩個文化世界，也暗示著「上帝藉著波斯王朝的勢

力，來照顧祂的百姓猶太人」。

末底改撫養他叔叔的女兒……她父母死了，末底改就收她為自己的女兒：七十士譯本和《他勒目‧以斯帖經卷》（13a）都說末底改娶她為妻，這樣使得以斯帖入宮的機會微乎其微，不合徵選秀女的條例，充其量只能比之為亞伯拉罕之妻撒拉差一點遭到法老王的橫刀奪愛（參創十二[10]～[20]）。

到此為止，末底改在在顯示出他在故事中的主導地位，包括記載他的族裔、家譜、公眾身分，以及他與貴族名流的關聯；而以斯帖不過是一名美麗的小孤女，僅僅陪襯而已。不過，值得注意的是，本書的命名為「以斯帖記」而非「末底改記」。可見發展下去，主人翁會是以斯帖而非末底改。

默想與討論

1. 你如何看待瓦實提的命運浮沉？依你之見，她該如何自處？

2. 侍臣勸王遴選秀女的動機何在？

3. 末底改的家譜有何難解之處？如何解決他已經是耆期以上（一百二十歲）的高齡問題？

4. 以斯帖的原名為何？她所具備的雙名有何特別意義？

5. 本書的主人翁是末底改還是以斯帖？試述你的意見。

8 **送入王宮**：有人認為原文的被動語態說明這些女孩子是被迫的，尤其是以斯帖；但書中並未明載以斯帖的意願如何。這被動語態經常出現於書中，有一種形勢比人強的趨勢，僅說明事態的發展，叫人步步為營，而個人對於環境安排的意願已經不太重要。作者也用被動語態說明為何末底改和以斯帖住在書珊城內。正如猶太人被擄（二 6 ），以斯帖亦被送入宮中，不管她個人意願是否如此。

9 **喜悅**：亦即贏取他的歡心（在原文中，主語是以斯帖，思高：「她很討赫革〔即希該〕喜悅，大得他的寵愛」）。刻意求取，而非拜託而得。以斯帖蕙質蘭心，人見人愛，是她的個性使然，並不單單由於外觀美麗。約瑟因有「耶和華與他同在」，就百事順利，由波提乏護衛長的家中，到司獄的眼前蒙恩，以至在法老寶座前被提拔（參創三十九 2 、 21 、 23 ，四十一 40 ～ 41 ）。以斯帖的「得人心」到了立后時，達到高峰（ 17 節）。**急忙**：希該顯出有些偏心，使以斯帖比其他女子優先得到供應品，立刻給她為期十二個月的美容、護理程序。**七個宮女**：又是「七」的完整數；七日筵、七太監、七大臣、七宮女，如此湊成整數。看來這七宮女是特別為她預備的，也是她所當得的。

10 **末底改囑咐她**：「末底改」這名字在這裡是帶著加強語氣的。囑咐即命令（NRSV: "Mordecai had charged her"; NRSV-Gr: "……commanded……"）。**不可叫人知道**：當時的以斯帖無論在飲食、衣著和生活方面都已經入鄉問俗，像極

波斯人了，因而干犯了猶太人的飲食條例和其他習俗，這與但以理及其三友的「潔身自好，不食周粟」完全不同（參但一[8]）。至於為何末底改嚴厲囑咐她不可叫人知道她的文化背景，可能是害怕有人知道她的猶太底細，會減少她成為王后的機會。這是「他人矮簷下，不得不低頭」的應變措施。但若因此認定她是「投機主義者」，從當時的大環境看來，這樣的評語也未免太苛刻了。

　　[11]**末底改天天在女院前邊行走**：末底改到底放心不下，養女入宮以後，他常掛慮她的安全。末底改為人敬虔、正直、老到、不卑不亢，既愛國又愛人。

默想與討論

　　1.前言提到大時代的洪流任誰也擋不住，正是「人在江湖，身不由己」。由此來看中國近代史的二戰「慰安婦」問題，有論者以為這些「阿媽」當時可能是自願的，你以為如何？

　　2.試論以斯帖在波斯宮中步步高升，與約瑟在埃及宮中的際遇有何異同？

　　3.為何末底改囑咐以斯帖「不可叫人知道她的文化背景」？這與「投機主義」有何不同？

　　4.從哪裡可以看出末底改的細膩、小心、老謀深算？

二章⑫～⑱節　飛上枝頭作鳳凰

⑫眾女子照例先潔淨身體十二個月：六個月用沒藥油，六個月用香料和潔身之物。滿了日期，然後挨次進去見亞哈隨魯王。⑬女子進去見王是這樣：從女院到王宮的時候，凡她所要的都必給她。⑭晚上進去，次日回到女子第二院，交給掌管妃嬪的太監沙甲；除非王喜愛她，再提名召她，就不再進去見王。

⑮末底改叔叔亞比孩的女兒，就是末底改收為自己女兒的以斯帖記，按次序當進去見王的時候，除了掌管女子的太監希該所派定給她的，她別無所求。凡看見以斯帖的都喜悅她。⑯亞哈隨魯王第七年十月，就是提別月，以斯帖被引入宮見王。⑰王愛以斯帖過於愛眾女，她在王眼前蒙寵愛比眾處女更甚。王就把王后的冠冕戴在她頭上，立她為王后，代替瓦實提。⑱王因以斯帖的緣故，給眾首領和臣僕擺設大筵席，又豁免各省的租稅，並照王的厚意大頒賞賜。

按清史載，順治八年（1651年），順治第一次大婚。婚後，與皇后感情不睦。兩年以後，他以「今后乃睿王於朕幼沖時因親定婚，未經選擇。自冊立伊始，與朕意志不協，宮壼參商」為由，提出廢后。此舉在朝中引起軒然大波。但順治一意孤行，並在提出廢后的同時，下詔選后：「選立皇后，作範中宮，敬稽典禮。應於在內滿洲官民女子，在外蒙

古貝勒以下，大臣以下女子中，敬慎選擇」（《清世祖實錄》，卷七十八）。經過半年興師動眾的遴選，選中廢后的姪女博爾濟吉特氏，並於順治十一年（1654年）六月舉行了第二次大婚。可以確定，這次選后是清入關後舉行的第一次選秀女活動。儘管在上諭中沒有使用「選秀女」一詞，但為解決皇帝婚姻對象問題，而在滿蒙漢官民女子中進行大規模選閱的作法與後來制度上規定的選秀女，是完全一致的。根據希羅多德的話，波斯主要從七個貴族當中選后（雖然也有例外，如大利烏就有一些妻妾不由貴族中選出來的，包括亞哈隨魯的母親）。

⑫**潔淨身體十二個月：六個月用沒藥油，六個月用香料和潔身之物**：看來風流天子為其一夜雨露之恩，並未浪費一天的光陰，足足使用一年的沐浴膏澤。香料和沒藥油都是波斯、印度和阿拉伯的主要出口貨，在古代近東世界的富裕權貴中廣泛使用。「若道妾身多穢賤，自沾御香香徹膚」；如此大費周章，長期經營，旦旦而香之，無非是像「楚王好細腰，而宮中有餓死者」的翻版手段罷了。史載清高宗征回疆得香妃，寵冠後宮，大概也是為其「體香」而神魂顛倒也。

⑬**凡她所要的**：加重語氣，強調她得到一切她所想要的東西，包括服飾和珠寶。一旦未獲寵幸，至少還有「珍珠慰寂寥」。

⑭**女子第二院**：可能是指王宮內女院的另一部分，妃嬪所住的地方。

⑮**亞比孩**：聖經中不只一位，男女皆可（參民三㉟；代上二㉙，五⑭；代下十一⑱）。**除了……所派定給她的，她別無所求**：以斯帖的蕙質蘭心，在此顯示出她的高尚性格，沒有蓄意戴上什麼飾物去取悅王。她又肯與太監希該合作，這是她與瓦實提不同之處，難怪「凡看見以斯帖的都喜悅她」。

⑯**第七年**：即瓦實提事件發生後四年，這時以斯帖才入宮見王。其中原因是亞哈隨魯王出征希臘兩年，無功而返，心中鬱悶，迄今才選立王后。**提別月**：即公元前四七九年十二月至正月之間。**被引入宮見王**：這是以斯帖發跡的機會。**宮**：即王的寢宮（等於⑬節的「王宮」）。

⑰**王愛以斯帖過於愛眾女，她在王眼前蒙寵愛比眾處女更甚**：這是「弱水三千一瓢注」，後句正是前句的加強。比照瓦實提：「王甚發怒，心如火燒」，真是不可同日而語。最後王把后冠戴在她的頭上，取代了瓦實提。

⑱**擺設大筵席**：與第一章之第二、第三次大筵席對照，瓦實提鞠躬下台，以斯帖盈盈上升；此處的筵席為這個插曲劃下句點。**豁免各省的租稅**：顯出龍心大喜；豁免（$h^e n\bar{a}h\hat{a}$）的意思是歇息，可以解作免稅或免勞役，即放假或大赦（參思高；NRSV: holiday，邊註：amnesty）。到此為止，桀驁不馴的瓦實提所出的空位已被柔順可人的以斯帖所取代，而朝三暮四的亞哈隨魯王再次滿足了。不過，二結尚待解開：以斯帖的猶太背景仍待揭曉，而末底改在朝中的職分，以及當

局對他和以斯帖的關係仍然被蒙在鼓裡。

默想與討論

1. 眾女子「女為悅己者容」，個個成了「香妃」，所為何來？你將使用什麼恩賜和才幹來為主所用？

2. 從何處看到以斯帖謹言慎行，人見人愛？

4. 以斯帖的「委身侍強梁」（注意：遴選過程本身可能已有違律法某些規定，更遑論失身的必然性；「當得的分」〔⑨節〕、「晚上進去，次日回」〔⑭節〕），是否違背了以斯拉不准與外邦人結親的規定（參拉九⑫，十章全章）？

5. 如果你身處以斯帖的世界，強敵環伺，身不由己，你將如何自處？

6. 是否為達目的，可以不擇手段？你相信壞事中也可以生出好事來嗎？試舉例說明之。

二章⑲～㉓節　二豎謀逆 末底改建功

⑲第二次招聚處女的時候，末底改坐在朝門。⑳以斯帖照著末底改所囑咐的，還沒有將籍貫宗族告訴人；因為以斯帖遵末底改的命，如撫養她的時候一樣。㉑當那時候，末底改坐在朝門，王的太監中有兩個守門的，辟探和提列，惱恨亞哈隨魯王，想要下手害他。㉒末底改知道了，就告訴王后以斯帖。以斯帖奉末底改的名，報告於王；㉓究察這事，

果然是實，就把二人掛在木頭上，將這事在王面前寫於歷史上。

　　亞哈隨魯王頤指氣使，予取予求，早晚會出問題。果不其然，宦官之禍，首先揭開序幕。

　　⑲第二次：可能是指王的貪淫好色，有了以斯帖，還繼續遴選秀女，以充後宮。寡人有疾，寡人好色，古今中外，如出一轍。值得注意的是，七十士譯本和約瑟夫皆刪去此節的首句。坐在朝門：宦官通常在門口等候，等待王召才進宮。思高譯本：末底改是「在御門供職」。據考古家發現，書珊城王宮的朝門甚大，兩側為各部的辦公署，如此末底改坐在朝門當為司閽，或是在朝為官。

　　⑳沒有……告訴人：隱藏籍貫宗族重複了第十節的說法。此節是插入的括弧式補充說明。也許當時波斯實行一種稱為 *kitmâm*，「保守祕密」或 *taqiyyä*，「虔誠」的習俗——為了和平共存，接受一種偽裝為某族、某種文化或某種宗教信仰的行動（參 William S. LaSor, *Handbook of Biblical Hebrew: An Inductive Approach Based on the Hebrew Text of Esther*. Vol 1. Grand Rapids: Eerdmans, 1979: 66f.）在現代，就是這靈活的習俗令伊斯蘭教徒中間兩個死對頭（遜尼派及什葉派）可以一起到麥加朝聖。

　　希臘版本在末句加上「唯她敬畏上帝、守律法，正如與祂同在時一樣。以斯帖並未改變生活方式。」

21～23：本段經文與「補錄甲」12～15節重複。

21守門：可能指看守王的寢宮住所。**想要下手害他**：在王宮中，這種陰謀十分普遍。十四年後，亞哈隨魯王果然在同類的叛變中被殺，且死於自己的牀上。

22**末底改知道了，就告訴王后以斯帖。以斯帖奉末底改的名，報告於王**：這一段比「補錄甲」13節的「末底改去見亞哈隨魯王，把兩個宦官的陰謀告訴了他」，更加詳細及合理。**惱恨亞哈隨魯王**：希伯來文聖經沒有說明原因，希臘版本卻說明「因末底改的擢升」。**奉末底改的名**：即歸功於末底改。兩人合演的對手戲為將來抵抗哈曼滅族陰謀寫下伏筆。至於末底改如何知道二豎的陰謀，本段語焉不詳，不像「補錄甲」13節所云那麼詳細生動：「他無意中聽到他們在密謀一樁事情。他凝神細聽他們說的話，瞭解到他們是在策畫行刺王的行動」。

23**掛**：這個關鍵字*yitlû*幾乎貫穿全書。有人認為應按情形譯為「懸」（如九13、14、25）或「絞」（二23、五14、六4、七9、10，八7）（思高通常譯：「懸在木架上」；現中通常譯：「吊（死）在絞刑架上」）。其實這跟合和本的「掛」相差不大，「掛」等於「懸」，且較白話；絞死之後再掛在上面，結局亦差不多，突顯耶穌被「掛」在木頭上的震撼（參徒五30，十39；加三13）！**在王面前**：意思有二，可能那些檔案隨同《起居注》放在王的寢室中；又或者指在他面前及其指示下記錄這件事。希羅多德（LCL, 8.85）

和福斯底德（LCL, 1.129）的記載與波斯的王朝實錄相同。

本書一、二章為第三章的情節提供序言。第一章很安全地除去前后瓦實提，並帶出雄才大略、好大喜功的亞哈隨魯王。第二章介紹猶大人的女主角，把以斯帖帶入宮，把末底改帶入朝，並使王欠末底改的人情債。如今，各路人馬已經到齊，場景預備整齊，欲知後事如何，且聽下回分解。

默想與討論

即使亞蘭文意譯本和七十士譯本一再堅持以斯帖在宮中遵行猶太人的條例，但如果她刻意繼續隱藏猶太人的身分，就必定入境隨俗而觸犯猶太人的潔淨禮數。其次，她以遵從堂兄義父的命令大過對王夫的忠心（雖然末底改似乎也對亞哈隨魯王忠心耿耿），如此便是以「在家從父」來與「出嫁從夫」對抗，何況丈夫還是一國之君，一不小心，即得了「欺君犯上」之罪！

1. 以斯帖似乎陷於邏輯上的「兩刀論」困境：從父抑或從夫？你會如何化解？

2. 聖經並未記載末底改事後邀功，可能他仍以平常心過日子。你如何詮釋「施恩不望報，受恩慎莫忘」這句話（參太六3～4）？施恩與受恩之間應如何拿捏？

3. 作者似乎把末底改的態度與哈曼自我膨脹的惡相（六

6～9）做對比，這給身為讀者的你，從末底改和以斯帖身上，看到什麼行為準則？

第三章

$\boxed{1}$～$\boxed{6}$節　光明與黑暗的衝突導火線

$\boxed{1}$這事以後，亞哈隨魯王抬舉亞甲族哈米大他的兒子哈曼，使他高升，叫他的爵位超過與他同事的一切臣宰。$\boxed{2}$在朝門的一切臣僕都跪拜哈曼，因為王如此吩咐；唯獨末底改不跪不拜。$\boxed{3}$在朝門的臣僕問末底改說：「你為何違背王的命令呢？」$\boxed{4}$他們天天勸他，他還是不聽，他們就告訴哈曼，要看末底改的事站得住站不住，因他已經告訴他們：自己是猶大人。$\boxed{5}$哈曼見末底改不跪不拜，他就怒氣填胸。$\boxed{6}$他們已將末底改的本族告訴哈曼；他以為下手害末底改一人是小事，就要滅絕亞哈隨魯王通國所有的猶大人，就是末底改的本族。

本章開始即為第四主角——反派角色哈曼——登場了，上帝的選民開始被一幅黑漆漆的景象所籠罩，從此進入漫漫的長夜。

1 **這事以後**：聖經沒有明說過了多久。以斯帖在公元前四七九年作王后，哈曼是在公元前四七四年起意謀害猶大人。哈曼的竄升與末底改的不買帳而引起哈曼的滅族陰謀，兩者之間相隔的時間應不太長，所以哈曼的地位高升可能在公元前四七五年。**亞甲族哈米大他的兒子哈曼**：這個哈曼是亞甲族人，可能是民數記二十四章 7 節所記的那位亞甲的後裔。也有人認為他像列王紀下二十五章 28 節所述的約雅斤那樣，位分高過一同被擄的眾王之上。另一說法是：作者說明末底改是便雅憫人，而非一般智者或朝廷的命官；同樣，哈曼是亞瑪力王亞甲的後裔。亞瑪力人與以色列人世代為仇，冤冤相報，彼此勢不兩立（申二十五 17 ～ 19 ；撒上十五章說明便雅憫人掃羅王與亞甲的恩怨）。**超過……一切臣宰**：哈曼此時已是一人之下、萬人之上的太宰。

2 **跪拜**：在波斯朝廷中，向高官行跪拜禮本是很平常的事，所以王如此吩咐並不特別稀奇。為何末底改不肯向哈曼折腰下跪？猶太人也曾向君王下跪，例如大衛就曾多次向掃羅下拜（參撒上二十四 8 ；比較撒下十四 4 ；王上一 16 ）；亞伯拉罕曾向赫人下拜（創二十三 7 ）；雅各也曾向以掃下拜（創三十三 3 ）。以後末底改高升做了宰相，顯然他也得向亞哈隨魯王下拜。故此不向哈曼跪拜，顯然是個別事件，原因是哈曼是亞甲族人，即猶大人的宿敵。這樣看來，末底改的「不為五斗米折腰」，乃是出於民族的優越感，而非宗教因素。

3：臣僕可能想知道為何末底改甘冒天下的大不韙，是否他有丹書鐵券的特權可以違例，不跪不拜？

5 哈曼……就怒氣填胸：哈曼的原意就是生氣（ḥemah），他的情緒反應，真是人如其名。以一人之故而欲滅其族，這樣殘酷的報復手段，令人不可思議。

6 滅絕：意思是「除掉」，在十章內出現了二十五次之多。哈曼的過度反應，根本是「欲加之罪，何患無詞」，「補錄甲」的末了已埋下伏筆，可一併參考。

默想與討論

古語說：「曲突徙薪無恩澤，焦頭爛額為上客」，末底改一言救駕，哈曼無功受祿，結果造成兩下的衝突。再以民族的宿仇角度觀之，以色列和亞瑪力的不共戴天，自古已然，於今尤烈。

1. 末底改不聽君令行跪拜之禮，與瓦實提不聽王命做「時裝表演」，有何異同？

2. 康熙時代來華天主教教士有「禮儀之爭」，即教庭當局敕令中華教友不可燒香跪拜先人，致使宣教大門延誤打開。末底改不拜不跪，殃及全族。末底改的作法有無可議之處？

三章7～11節　無毒不丈夫

7亞哈隨魯王十二年正月，就是尼散月，人在哈曼面前，按日日月月掣普珥，就是掣籤，要定何月何日為吉，擇定了十二月，就是亞達月。8哈曼對亞哈隨魯王說：「有一種民散居在王國各省的民中；他們的律例與萬民的律例不同，也不守王的律例，所以容留他們與王無益。9王若以為美，請下旨意滅絕他們；我就捐一萬他連得銀子交給掌管國帑的人，納入王的府庫。」10於是王從自己手上摘下戒指給猶大人的仇敵──亞甲族哈米大他的兒子哈曼。11王對哈曼說：「這銀子仍賜給你，這民也交給你，你可以隨意待他們。」

以斯帖是在亞哈隨魯王第七年封后的（二16），而哈曼的毒計是在王的第十二年醞釀的。在這五年當中，末底改立功而未得獎賞，哈曼同時竄升到權力的最高峰，位極人臣。如果末底改論功行賞，如願以償，就沒有他後來的報酬，當然也無法這樣拯救猶大人脫離滅族的厄運了。

7：本節道出普珥節的來龍去脈及以斯帖記的主旨，甚至為本書的正典地位提供理由。時間為正月，就是尼散月，這是巴比倫的舊曆月份，相當於猶太人的亞筆月，即三月迄四月，亦即逾越節和出埃及的那個月，也就是猶太人紀念出幽谷而遷於喬木的大節日（參申十六1～8）。此時此刻，

非但得不到救恩，全民且籠罩在毀滅的陰影下，因為哈曼掣籤在手，要來定日月的吉凶。**正月**：按照巴比倫的宗教風俗習慣，諸神會在一年之初聚在一起，商討人類的命運何去何從。**人……掣普珥**：本節的主詞是第三人稱單數，實際是誰卻不能肯定。為哈曼掣籤的可能是波斯的星象家或術士，希望知道哪一天是黃道吉日，可以將猶大人一網打盡。**按日日月月**：字面是「逐日逐月」；但按理說，掣籤者不可能為十一個月中的每一天抽籤，應是只掣一次找出何時何日為吉日良辰。掣籤之日可能是公元前四七四年尼散月（即陽曆三至四月），而所選的日子是公元前四七三年亞達月（即陽曆二至三月）。**普珥**：希伯來文 *pûr*，借自古巴比倫的 *puru*，意為石頭或籤，這是擲出石頭以決定吉日和神明意旨的方法。以色列人將木、石、象牙等上面刻字的薄板，放在竹筒狀的容器裡，搖一搖，再拋擲或抽出來。以色列人抽籤分配迦南地給十二支派（書十四2，十八6）；掃羅和約拿單憑掣籤查出哪人犯了罪（撒上十四40～45）等。另外，以色列的祭司也用「烏陵土明」兩個像神杯的東西，來探知上帝的旨意（民二十七21；士一1，二十18、23、27～28；撒上十22，十四36～42等）。

報載台灣大甲媽湄洲進香，以擲筊決定日期，引發宗教直航論戰。北港媽湄洲進香也是由擲筊決定日期，因有互別苗頭意味，引來鎮瀾宮公開叫陣。台灣人「擲筊」是人與神明，或是與冥界溝通最常見的方式，最大的特色是主控權在

人的一方，如大甲媽定起駕日是農曆六月十五，北港朝天宮就從六月十四開始擲筊，此次是一次「正筊」，當然就此敲定，否則可將日期推前到六月十三、十二、十一依序請示，直到不再「反筊」，北港媽就算允諾。總之，只要朝天宮的主事者有心，北港媽就絕對能趕在大甲媽起駕前開始先行。擲筊這種「敬鬼神而遠之」的儀式，因請示外又具公平性，卻常被用來做仲裁或排難解紛的工具，結果大都讓當事人心悅誠服（參《世界日報》二〇〇〇年六月十六日的報導）。

事實上，一年三百六十五日，除了晴、陰、雨、雪和颱風、打雷等氣候的區別之外，哪一天都是一樣，都是二十四小時，毫無差別。所以，日子根本沒有什麼好壞之分，也沒有「黑道凶日」和「黃道吉日」的差異。新約時代使徒保羅對那些宿酒未醒的加拉太人勸告說：「你們謹守日子、月份、節期、年份，我為你們害怕。唯恐我在你們身上是枉費了工夫。」（加四⑩～⑪）

亞達月：即二至三月，就是掣籤十一個月之後。

⑧**有一種民**：哈曼雖沒開門見山說出這民為何許民也，但已經呼之欲出，由下列三方面的觀察可見一斑：一、**散居**（原文有兩個分詞，NRSV: "scattered and separated"；AB: "cattered, yet unassimilated"）：第一個分詞指出在地理方面，猶太人分佈在全國各省中；第二個分詞指他們與眾不同、和而不群的特性，即指不被同化的獨特性格。二、**他們的律例……不同**：猶太人亡國之後，北國的以色列在被擄之後，

因為沒有穩固的宗教信仰，就漸漸被同化，成為所謂「失落的十個支派」。南國猶大人在被擄期中痛定思痛，深明國破家亡是因未聽從先知的警告，因此不但搜集歷代先知的訓言，也把南北各方所留存的祖先傳統編輯成律法書，並且嚴予遵行。三、**不守王的律例**：指猶太人在波斯帝國中「我行我素，不遵王法」，這樣的控訴既不真實又極盡挑撥離間之能事，言下之意當然是留他們存活與王無益矣。

⑨**一萬他連得**：哈曼用國家的利益來打動王心，更用實際的利益來遊說王。「一萬他連得」在當時是個天文數字（新譯本、現中：「三萬四千公斤銀子」），何況波希之戰鎩羽而歸，國庫空虛，民生凋敝，動之以金錢，正其時也。以希羅多德提過的數字一比，便曉得這筆金錢到底有多鉅大。例如：波斯全國一年的總稅收，在亞哈隨魯之父大利烏的任下是一萬四千五百六十他連得（參LCL 3.95），這都是各藩鎮一起搜括得來的賦徭。哈曼的大手筆比起亞歷山大大帝將來在書珊城所得共值四萬九千他連得（根據羅馬史家Strabo語）的擄物超過五分之一，可見哈曼真是富可敵國。或許羊毛出在羊身上，他期望消滅猶大人之後，可以撈回老本，劫奪一筆可觀的財物（參三⑬）。

⑩**戒指**：這只戒指的功能相當於玉璽，是用來封印王的公文，他摘下戒指給哈曼，等於授權哈曼頒布詔書。埃及的法老也曾如此厚待約瑟（參創四十一㊷）。**猶大人的仇敵**：哈曼在此，第一次被作者賜此「雅號」。

11 **這銀子仍賜給你**：按理說，王似乎不該拒絕這銀子，看情形極像東方人的交易方式（參亞伯拉罕與以弗崙那有點你推我就的交易，創二十三章），至終是成交的。末底改在四章7節肯定哈曼一定會付這筆錢，以斯帖在七章4節更引伸此交易為猶大人「被賣」事件。

默想與討論

哈曼與王彷彿在「演雙簧」，一個假惺惺，借刀殺人；一個裝糊塗，「不問不說」（don't ask, don't tell），造成全劇的緊張狀態。

1. 當你見到周遭的人事事亨通、飛黃騰達的時候，你有何反應？

2. 本書的主旨為何？與什麼節日有關？

3. 基督徒應如何看待「掣籤」的行動（參箴十六33；徒一23~26）？

4. 庫房因連年爭戰、出師不利而告空虛，但王為何不收哈曼的銀子？

三章12~15節　斬草除根誅九族

12 正月十三日，就召了王的書記來，照著哈曼一切所吩咐的，用各省的文字、各族的方言，奉亞哈隨魯王的名寫旨意，傳與總督和各省的省長，並各族的首領；又用王的戒指

蓋印，<u>13</u>交給驛卒傳到王的各省，吩咐將猶大人，無論老少婦女孩子，在一日之間，十二月，就是亞達月十三日，全然剪除，殺戮滅絕，並奪他們的財為掠物。<u>14</u>抄錄這旨意，頒行各省，宣告各族，使他們預備等候那日。<u>15</u>驛卒奉王命急忙起行，旨意也傳遍書珊城。王同哈曼坐下飲酒，書珊城的民卻都慌亂。

在本段經文中，哈曼發號施令，主導一切，王的書記、各省的長官，都以他為馬首是瞻，整個波斯王國的官僚體系在此一覽無遺。

<u>12</u>**正月十三日**：作者給予日期，加強了「聖旨」的官方性。十三日並非偶然，根據巴比倫和波斯的遺傳，十三為不祥的數字，而猶太人的曆法，尼散月十四日正是逾越節的開始。救恩減一天即等於毀滅，正如啟示錄十三章<u>18</u>節的「六百六十六」，就是完美數字「七」減一的三層，在古代應是耳熟能詳的。**書記**：這些書記是繕寫員，而非有學問的文士。**奉亞哈隨魯王的名**：強調這是王的決定，蓋上他給哈曼的玉璽，以昭威信，遍傳國內。

<u>13</u>**驛卒**：王家專用的信差，他們在八章<u>10</u>和<u>14</u>節再出現。驛站有馬匹在候命，組成一個極優良的通訊系統，令消息四通八達，遍傳各省。楊貴妃喜愛荔枝，每歲命四川各驛站飛馬傳遞，荔枝抵達長安時，其色味不變。杜甫詩有謂：「憶昔南海使，奔騰獻荔枝」。杜牧詩亦稱：「一騎紅塵妃

子笑，無人知是荔枝來」。中外驛卒各有其妙用也。**無論老少婦女孩子……全然剿除，殺戮滅絕**：這種事情自古已有，於今尤烈：項羽坑殺秦朝章邯的降卒三十萬人；波斯人屠殺西古提人；二戰期間德軍屠殺六百萬猶太人。這一連串殺氣騰騰的毀滅性文字，包括剿除、殺害、滅絕，實行斬草除根，死無噍類，男女老幼，一個也不能倖免。有趣的是，希臘文版本語氣溫和許多，只說：「毀滅猶大人，財產一律充公」。

[15]**急忙**：不知為何哈曼在十一個月前就急急忙忙把詔書傳出去，可能他害怕夜長夢多，王會臨時變卦，改換主意。他萬萬沒有想到掣籤求出來的日子竟會落在年終那麼遲。**王同哈曼坐下飲酒，書珊城的民卻都慌亂**：何等強烈的對照！儘管決定大事後坐下來飲酒，似乎是波斯人的習慣，但王與大臣觥籌交錯，滿城百姓卻人心惶惶，籠罩在山雨欲來風滿樓的恐怖裡，正是「朱門酒肉臭，路有凍死骨」的寫照。哈曼趾高氣昂、大王漠不關心，令百姓黎民不知所措，飽受驚慌。

默想與討論

這段滅族慘劇有哪三種反應？——勝利、冷漠和無奈。今日的「種族滅絕」慘劇也反映了這三種心態——殺人者得意洋洋；事不關己者無動於衷；關心但卻愛莫能助的人，徒

呼負負。本書的權力主題重現：權力使人腐化，絕對的權力使人絕對腐化，哈曼一朝大權在手，便執行斬草除根的陰謀。聖經所贊成的權力是為民服務的權力，如所羅門在列王紀上二十九章所求的，而非殘民以逞的權力。觀諸哈曼的行為，倒行逆施，其權力當不能持久。召書記傳聖旨，通行全國，急如星火，似乎刻不容緩，但大限之日又在十一個月之後，這種「茶壺內的風暴」一觸即發，難道在上者不怕變生肘腋嗎？要知困獸之鬥，最為可怕，官逼民反，後果不堪設想。

1.「選日不如撞日」：基督徒並不特別看重日子、節期、月份（參加四⑩；聖誕、復活等宗教節日除外），但是對於「十三不祥」的說法，你有何意見？

2.「書珊城的民卻都慌亂」：在今天社會裡，假如其他種族或宗教團體被迫害，你能置身事外嗎？基督徒應如何反應？

補錄乙
（原文置於三章⑬節與⑭節之間）

滅猶諭文

①諭文如下：「亞哈隨魯大王欽命印度至古實之一百二十七省省長及其屬員事：②自朕轄治各邦，管理全國以來，未

嘗妄用職權，而常以寬容仁慈，撫育我人民，志在庶民皆享康樂，舉國共慶昇平，勤苦經營，以圖國泰民安，恢復人類久已渴望之和平。[3]朕今諮詢樞密，何以克遂此願？而哈曼首相，秉賦忠貞，信智超群，[4]上奏朕曰：有一敗類，散居天下萬邦，風俗律法，與天下異，且不從王法，使朕所頒政令，難奏厥功。[5]朕今始悉其端，唯此民族，與眾殊異，固守己法，生活異趣，對朕天下，實存野心，致力破壞，是以國家不獲安寧。[6]因此朕令：凡當今首相——朕之亞父哈曼——在文書內所示之人物，務於本年十二月，即亞達月十四日，偕其妻孥子女，應一律刀斬，殲滅九族，不得留情顧惜。[7]務使古今敗類，於一日之間，悉下陰間，然後國必永安，亂事方息。」欽此。

本篇諭文與「補錄戊」之護猶論文，原文是典雅美麗的希臘文，有別於其他七十士譯本補篇的閃語系文字結構。本篇諭文可增加本故事的歷史真確性，其內容與《馬加比三書》三章[12]至[29]節的托勒密王（Ptolemy Philopator）的詔書，反映了希臘化時期典型的反猶思想。

[1]古實：希臘原文是埃提阿伯，思高譯為「厄提約丕雅」。

[2]未嘗妄用職權……勤苦經營……恢復人類……之和平：這是一種「此地無銀三百兩」的說法。哪一位君王未嘗聲稱自己勤政愛民、先憂後樂？

③**樞密**：此處並未明言這些樞密為何許人，可能是指一章⑬至⑭節的「七個大臣」。**哈曼首相，秉賦忠貞，信智超群**：此語帶諷刺意味。一般說來，七十士譯本的編者不太會傚效希伯來文的反諷和辛辣味（參三⑬註釋），故這詔書可能出自哈曼手筆，若說他得意忘形、自吹自擂，亦不為過。

④～⑤**有一敗類……唯此民族……**：哈曼自己也是歸化的異族，因此不能說：「非我族類，其心必異；非我族類，其心可誅。」故此句著重在突顯猶大人惡意的標新立異。一連串形容詞：**與天下異、不從王法、與眾殊異、固守己法、生活異趣、實存野心、致力破壞**云云，真是欲加之罪，何患無詞？這兩節比希伯來文的三章⑧節更加露骨、著力，實有此獠不除，天下將何以長治久安之意。

⑥**亞父**（NRSV-Gr: second father）：哈曼也，親父就是亞哈隨魯之父大利烏。中國的宰相兼亞父者，呂不韋是也。**在文書內所示之人物**：他們的身分一直未有揭曉。**亞達月十四日**：與希伯來文相差一天（參三⑬）。可能這是指普珥節的慶祝日，在敵人作法自斃之後；但即使如此，慶賀之日應與威脅滅九族之日為同一天。《馬加比二書》十五章㊱節指亞達月十四為「末底改節」，顯示公元前第二世紀已經知道有此後來改為普珥節的節日。

⑦**悉下陰間**（Hades）：顯示此詔書有希臘文化背景（思高：「九泉」；牧靈：「陰府」）。

1. 這篇滅猶詔書的捉刀人為誰？

2. 從本篇詔書看到猶太人和非猶太人之間的關係如何？

3. 以當局的角度來看，猶太人是刁民、敗類，基督徒應該如何平反政府當局偏頗的看法？

4. 普珥節出現亞達月十三、十四日之爭，到底何是何非？

第四章

①～③節　末底改披麻蒙灰

①末底改知道所作的這一切事，就撕裂衣服，穿麻衣，蒙灰塵，在城中行走，痛哭哀號。②到了朝門前停住腳步，因為穿麻衣的不可進朝門。③王的諭旨所到的各省各處，猶大人大大悲哀，禁食哭泣哀號，穿麻衣躺在灰中的甚多。

　　故事的焦點轉到以斯帖和末底改的身上。猶大人的命運繫之於他們二人的勇氣和綢繆，尤其是以斯帖的智勇雙全。事到如今，令人驚訝的是猶大人已經到了存亡絕續的關頭，但作者竟仍三緘其口，不願提到上帝，就讓義人的作為彰顯，完成大功吧！

　　①末底改知道所作的這一切事：詔書成於書珊城，但末底改除了知道所頒布的詔書外，還曉得哈曼和王交易的內幕，甚至所允諾的價銀若干，可能是從王宮的朋友那裡打聽來的。這種情形就如同他把兩個太監的陰謀底細摸得一清二

楚一樣！**撕裂衣服，穿麻衣，蒙灰塵……痛哭哀號：**撕裂自己的衣服、穿上麻衣和蒙上灰塵是哀痛逾恆的表現。這種哀痛有很深的宗教含義，見於但以理書九章③節和尼希米一章④節。末底改一聽到哈曼所寫的詔書，他的本能反應就是震驚和悲傷，隨之而來的動作即是典型的悲痛反應：撕裂衣服，就像流便發現約瑟失蹤時的反應（創三十29）。麻衣又叫苦衣，是一種類似山羊毛製成的粗布，雅各為其子約瑟失蹤，腰間圍上麻布而悲傷（創三十七34）。頭上蒙灰，不修邊幅，則是他瑪被暗嫩強暴後一面痛哭大叫（不要以為這只是女人的反應，撒下十八33記載大衛為押沙龍邊走邊哭叫）。七十士譯本為末底改加了句呼喊的話說：「一個無辜的民族被滅了！」這些都是喪事的反應，彷彿末底改為自己和同胞的死預先痛哭。

末底改的披麻蒙灰，在聖經中的實例比比皆是：當約書亞和迦勒聽到以色列人要回埃及而不願進入應許美地的時候，就撕裂衣服（民十四6）。大衛好幾次撕裂衣服，如聽聞掃羅和約拿單之死，他同時悲哀、哭號、禁食到晚上（撒下一11～12），另外聞到押尼珥之死（撒下三31）和暗嫩之死（撒下十三31）時亦然。當聽到耶路撒冷將被亞述人兵臨城下的威脅時，家宰以利亞敬和書記舍伯那，並史官約亞都撕裂衣服（賽三十六22），連希西家王聽見，也撕裂衣服，披上麻布，進耶和華的殿。以利亞敬和舍伯那，並祭司中的長老，都披上麻布，去見以賽亞先知（賽三十七1～2）。

當以斯拉看到上帝的百姓和異族通婚，犯者包括祭司和利未人（首領和官長為罪魁禍首），他就撕裂衣服和外袍，甚至拔了頭髮和鬍鬚，驚懼憂悶而坐（拉九2～3）。書珊城的百姓對末底改的行為所附帶的意義並不陌生，因為當他們聽到波斯大軍在撒拉米被希臘人打敗時也是撕裂衣服，呼天搶地（參LCL 8.99）。

不過哀傷到這地步也可使上帝的義怒轉向。尼尼微就是一個好例子，上帝藉著先知約拿警告尼尼微，他們就「披上麻布，坐在灰中」，展現了悔改的誠意，結果上帝就赦免他們（拿三6～10）。但尼尼微人還有禁食和禱告，這當然是純粹的宗教行為，不像猶太人只有禁食（3節）。不過，禁食也可看作是宗教行為，主耶穌將它與禱告分而論之，兩者皆得天父在暗中察看和報答（參太六5～18）。

2 **不可進朝門**：穿麻衣的人可能因為在禮儀上不潔淨，所以不可進入朝門。有關穿麻衣不得入朝門的規矩，聖經之外的典籍，尚未見此記載。

3 **大大悲哀**：這裡描述猶大人都大聲痛哭，這是猶大人的一種宗教舉動，可能與禱告有關。這裡沒有提及上帝或禱告，與作者一貫刻意不提宗教行動和思想的作風吻合。

默想與討論

上述裂衣、披麻、蒙灰多為痛苦的情緒表徵，其中只

有尼尼微人舉國上下，人與牲畜都披上麻布，「切切求告上帝，各人回頭離開所行的惡道，丟棄手中的強暴」（拿三8）。可見單有痛悔的情緒還不夠，尚要加上行為的配合，洗心革面，重新做人，離惡向善才可算是真正的悔改。

四章4～17節　以斯帖為民請命

4王后以斯帖的宮女和太監來把這事告訴以斯帖，她甚是憂愁，就送衣服給末底改穿，要他脫下麻衣，他卻不受。5以斯帖就把王所派伺候她的一個太監，名叫哈他革召來，吩咐他去見末底改，要知道這是什麼事，是什麼緣故。6於是哈他革出到朝門前的寬闊處見末底改。7末底改將自己所遇的事，並哈曼為滅絕猶大人應許捐入王庫的銀數都告訴了他；8又將所抄寫傳遍書珊城要滅絕猶大人的旨意交給哈他革，要給以斯帖看，又要給她說明，並囑咐她進去見王，為本族的人在王面前懇切祈求。9哈他革回來，將末底改的話告訴以斯帖；10以斯帖就吩咐哈他革去見末底改，說：11「王的一切臣僕和各省的人民都知道有一個定例：若不蒙召，擅入內院見王的，無論男女必被治死；除非王向他伸出金杖，不得存活。現在我沒有蒙召進去見王已經三十日了。」12人就把以斯帖這話告訴末底改。13末底改託人回覆以斯帖說：「妳莫想在王宮裡強過一切猶大人，得免這禍。14此時妳若閉口不言，猶大人必從別處得解脫，蒙拯救；妳

和妳父家必致滅亡。焉知妳得了王后的位分不是為現今的機會嗎？」[15]以斯帖就吩咐人回報末底改說：[16]「你當去招聚書珊城所有的猶大人，為我禁食三晝三夜、不吃不喝；我和我的宮女也要這樣禁食。然後我違例進去見王，我若死就死吧！」[17]於是末底改照以斯帖一切所吩咐的去行。

在沉寂了一陣子之後，以斯帖又一次成為故事的中心。以斯帖雖然在封后五年之後沒有直接與末底改接觸，但仍然關心他的一切。有宮女和太監來報告末底改的狀況，她就憂心忡忡、萬分悲傷，派人送衣服給末底改穿。這些宮女和太監顯然是知道她底細的親密貼身傭人。

[4]**甚是憂愁**：*wattithaṭhal*，很奇特的希伯來文，僅出現於此處，可與生產的陣痛有關，如「生養你們的」撒拉（賽五十一[2]），以及「產你的」上帝（申三十二[18]）。末底改的行為使以斯帖痛心疾首。**要他脫下麻衣**：是為叫末底改能從容進入宮殿（參[2]節），不違禮儀，向以斯帖面陳一切。**他卻不受**：哀莫大於心死，悲傷到了一個程度，不寢不食、不言不語、不歌不舞，不肯接受安慰，就像拉結「哭她的兒女不在，不肯受安慰」一樣（太二[18]）。末底改不肯停止悲哀，可能是為了表示此事非干個人恩怨而已；個人的受害事小，民族的災難事大。

[6]**寬闊處**：傳統上哀哭的地方（參耶四十八[37]～[38]）。在大庭廣眾之下為之，事到如今，末底改已經顧不得個人

了。今日聖地的哭牆（西牆）逢年過節也有人在那裡頻頻點頭，放聲痛哭，旁若無人。

⑦**銀數**：提及銀錢的數目，顯出危機重重。哈曼私人的仇恨加上亞哈隨魯王的貪心，狼子野心，好似乾柴烈火，碰在一起，更形恐怖。

⑧：在此之前，以斯帖或她的僕人似乎都未得悉哈曼詔書的內容，雖然在書珊城早已傳遍了（三⑮）。由此可見，王宮內院如何「深深深」，她必須倚靠眼線如貼身宮女和太監哈他革的耿耿忠心，才能成事。嗣後，末底改有一套計畫要託付以斯帖進行，畢竟「養兵千日，用在一時」，末底改深信「以斯帖遵〔他〕的命，如撫養她的時候一樣」（二⑳）。事實上，在七十士譯本裡多加了末底改向以斯帖「討恩情」的話：「請妳回憶妳孤苦伶仃的時候，我怎樣撫養妳成人……呼求上主，為我們向王求情，救我們不死！」七十士譯本常有向上主呼求的字眼，以補充希伯來文的宗教性之不足。

⑨：哈他革成為末底改和以斯帖之間通話的橋梁。末底改一廂情願，以為以斯帖一定會唯命是從，因為她欠他人情債。但事實出乎意料之外，以斯帖不願意聞歌起舞，因為宮中有例在先。

⑩～⑯：作者用直述語句來敘述以下以斯帖和末底改的對話，加強了戲劇性效果。

⑪**有一個定例**：希羅多德倡議說波斯君王實施的這條

定例創於瑪代第一個王戴爾塞斯（Deioces），為波斯人因襲下來，就是任何人不經召喚，不得擅入內院見王，違者處死（參LCL 1.99; 3.77, 84）。這律例要切實執行，不容有例外。正確的禮儀是通過主事太監，請求王上召見，然後等候王召見。在朝中只有王的「七友」，可以「面對面見王」。希羅多德解釋只有這七大臣可以不經通報進入王的內院，除了他正與妃嬪同寢時例外。哈曼可以排闥直入見王，以斯帖卻不得其門而入；顯然她並不預備很快地見王面，因為已經多日沒見王了。**沒有蒙召進去見王已經三十日了**：恐怕經過五年的婚姻，她已經不再被王寵愛了。大屠殺還有十一個月才到，此時山雨欲來風滿樓，她為何不求謁見王？也許是欲見還怯，怕被王拒絕。萬一弄巧成拙，金杖不伸，可能連性命也不保。

⑫**人**：雖然是複數，但當然是指哈他革太監一人。

⑬**妳莫想**：語帶威脅，但要緊的是提醒她所有猶大人將面臨的命運。

⑭**別處**：經學家們指出此處暗指上帝，因在拉比文學中，希伯來人的上帝有時被稱為「該處」（參《創世紀米大示註釋》六十八章）。在「該處」四時行焉，百物生焉；不過，這個拉比文學的片語發跡較遲。無論如何，末底改的意思是確信猶大人必會絕處逢生，決不會煙消雲散。**必致滅亡**：末底改所指的顯然是如果以斯帖不肯出面幫忙，就是違背上帝的命令，上帝信賞必罰，結果必致滅亡。有學者指出

末底改一不做，二不休，壓迫以斯帖就範，如若不然，將「吾與汝偕亡」；質是，以斯帖之舉，就無勇氣可言，她只是逼上梁山，不得不爾，智勇雙全何有乎？作者此言留給人難熬的曖昧感（參Pierce, 87）。**焉知……為現今的機會**：末底改清楚指明以斯帖得以登上王后寶座，是出於上帝的眷顧——養兵千日，用在一時，一切的一切，正是為現今的機會。

16 **禁食**：以斯帖當機立斷，反賓為主，立刻開始採取主動，命令她的宮女、僕人和末底改在內，一起為她禁食。禁食的動機是為了專心一志地禱告。**三晝三夜，不吃不喝**：這是一個很嚴厲的禁食會，日夜不停，連續三天；持續四十至四十四小時，因為以斯帖在第三日進去見王。從以斯帖在逾越節那天（即尼散月十五日）下令禁食這件事看來，她把進宮謁見王這個任務看得極其嚴重。**我若死就死吧**：以斯帖心中仍舊難免恐懼感，但她從容就義，頗具「風蕭蕭兮易水寒，壯士一去兮不復返」的豪情壯志！以斯帖為后五年之後，與夫君的關係仍不穩當，仍有臨深履薄之感。以斯帖以一弱女子身處如狼似虎的大男人朝廷之中，好比猶大人置身於虎視眈眈的外邦世界中，四面楚歌，草木皆兵。

17 ：原文有「〔末底改〕離開了」（參新譯本、思高），直譯：「橫過去」。顯然是指末底改渡過衛城河——阿巴卡卡河（Ab-Kharkha）。**末底改照以斯帖一切所吩咐的去行**：末底改在此的動作，與以斯帖的互動，顯出主客易

位。在第二章裡，以斯帖是個孤女，除了容貌出眾外，乏善可陳。她卑躬屈膝，順從末底改，順從希該，又成功取悅周遭的每一個人。她使得君王「獨寵專房」，與瓦實提不可同日而語。即使在婚後，她仍然繼續聽從末底改的話，這種性格，讓人不敢奢求她有什麼驚天動地的大作為。如今，她已非昔日的「吳下阿蒙」了，她不再必恭必敬地聽令了，她反賓為主，發號施令，連末底改也得立刻順從！

真正的勇者與匹夫之勇有何區別？摩亞（AB, 53）說：「魯莽的人不懂懼怕；勇敢的人儘管懼怕，仍奮勇行動。」勇者在渾沌未開的處境中，仍能找到勇氣和信心，來行所當行。

默想與討論

1. 撕衣、披麻、蒙灰象徵什麼？它們是否悔改的記號？

2. 禱告和禁食有何異同？有何關聯？

3. 末底改的一席話：「焉知妳得了王后的位分，不是為現今的機會嗎？」是否突顯他的老謀深算，將以斯帖送入宮，以備不時之需？

4. 試比較以斯帖前後形象的轉變，及其角色易位後的反應措施。

5. 以斯帖冒生命危險委身事主，對我們為信仰和宣教冒險有何啟發？

補錄丙

（原文置於四[17]和補錄丁之間；譯文參考現中和思高，分段
參AB。）

末底改的祈禱

[1]末底改一邊回想過去主所做的事情，一邊向主祈禱：
[2]「主啊，主啊，祢是一切造物的主和王，一切都聽命於
祢。祢若要拯救以色列，就沒人能阻擋祢。[3]祢造了天和
地，也造了地上一切奇妙之物。[4]祢是萬物之主，沒有任何
人能與祢相抗衡。

[5]「祢洞察一切，主啊，祢知道，我拒不向倨傲的哈曼
鞠躬致敬，並非因為我高傲自大或譁眾取寵。[6]～[7]我只是
不肯敬凡人勝過敬上帝。除了祢，我的主，我不向任何人卑
躬屈膝，這也並非出於驕傲。如果有利於拯救以色列，就是
跪吻他的腳底，我也在所不惜。

[8]～[9]「可現在，哦，我的主，我的上帝和君王，亞伯
拉罕的上帝啊，寬恕祢的人民，把我們從我們的敵人手中拯
救出來吧。他們已經決定消滅我們，要摧殘自始就屬祢的產
業。不要忘記祢從埃及贖出來為自己的產業！[10]請垂聽我的
祈禱，憐憫祢的產業，把我們的哀傷變為喜慶，讓我們能夠
活在世上，唱歌讚美祢的名。主啊，不要讓那些讚美祢的嘴
脣喪亡！」

11 所有以色列人也都迫切地高聲祈禱，他們都認定自己已離死不遠了。

以斯帖的祈禱

12 懷著深切的恐懼，以斯帖王后投奔到主前。13 她脫下了華美的衣裙，穿上了表達哀傷的長袍。不施貴重的香膏，卻把糞土塵灰撒到頭上，她嚴厲刻苦肉身，讓糾纏散亂的頭髮披垂下來，蓋住了她一向精心美化的身體。

14 她向主以色列的上帝禱告說：「我的主，我的君王，只有祢是上帝。我是如此孤單無援，我只有祢可以求告。救救我吧！15 我要拿我的性命去冒險了。16 主啊，自幼在我父家，人就告訴我，祢如何在眾民族中選定了以色列，祢如何在久遠的時代就選出我們的先祖，作祢永遠的產業，祢一直履行著許給他們的諾言。17 可是我們犯罪得罪了祢，祢就把我們交到了我們的敵人手中，因為我們崇拜了他們的神祇。18 主啊，我們該受祢的懲罰。19 可是我們的敵人已經不再滿足於看著我們作奴隸。他們對自己的偶像立下莊重的誓約，20 不但要消滅禮讚祢的人民，還要廢除祢的律法，讓祢的聖殿和祭壇的榮耀遭到毀滅，萬劫不復。21 他們要讓全世界永遠讚美毫無價值的偶像，敬畏肉體凡胎的君王。22 主啊，切不要把祢的權杖交到那些虛無的神祇手裡，不要讓我們的敵人有機會來嘲弄我們的覆滅！相反，祢要把他們的惡毒打算

變為打擊他們的手段，並把那個最先起意剿滅我們的人當作一個懲戒的範例！

23「主啊，垂念我們，在這危難之際來到我們中間吧，萬神之王和一切世間權力的主宰，給我勇氣吧。24當我去面對獅子的時候，給我恰當的言詞吧。請祢改變他的心腸，讓他去反對我們的敵人，除掉他和他的幫兇們。25快來親手解救我們吧，主啊；我是這樣全然無助，除了祢，我沒有人能夠求告。

26「主啊，祢洞悉一切。祢知道，我厭恨從惡人中得到的尊榮，我也憎惡未受割禮者和外邦人的牀。27但祢知道，我別無選擇。我恨那頂后冠，那是我在官場中不得不戴的。除了萬不得已，我是從不戴它的。它就像用過的月經布一樣令人作嘔。28我不吃哈曼的桌上的食物，從不參加王的宴會以增進他的榮耀，我也從未喝過獻祭的酒。29自從入宮以來，主，亞伯拉罕的上帝！除祢以外，我沒有別的喜樂！30全能的上帝啊，請垂聽絕望者的祈禱，把我們從惡人手裡拯救出來，並且驅散我的驚怖！」

「補錄丙」的兩篇祈禱，恰好補足希伯來文版本沒有祈禱的缺陷；末底改道出箇中原因：非因個人的高傲自大或譁眾取寵，實因對方的狼子野心。「人窮而呼天」，所有以色列人也都迫切祈禱，因為他們已面臨死亡。

以斯帖的祈禱媲美馬利亞的「尊主頌」（路一46～

55），盪氣回腸，令人低迴不已。舊約幾位被上帝重用的女中豪傑，都有詩歌稱頌上帝，著名的有：摩西之姊米利暗（出十五20）、士師底波拉（士五章）、撒母耳之母哈拿（撒上二1～20）。

補錄丁
以斯帖晉見王

1第三天，以斯帖祈禱完畢，她脫下了身上的衣服，換上了她的華美裙袍。2～3帶著一身高貴美豔的光彩，她再次向洞悉萬物的上帝和救主作了祈禱。然後她在兩名女僕的陪伴下，以王后的儀態步出房間，一名女僕扶著她的手臂並肩而行，4另一名女僕跟隨，托著她的衣裙。5以斯帖的臉龐若桃花。她看上去是那樣歡樂而可愛，可她的內心卻驚慌恐懼。

6她穿過了所有的宮門，進到了王面前。王坐在他的聖座上，身著尊貴的王袍，飾有黃金和寶石，容顏威嚴可畏。7他抬起頭來，見她出現，便怒目而視，非常可怖。以斯帖頓覺渾身無力，臉色蒼白，險些暈倒，不得不把頭靠在女僕的肩上。8可是上帝改變王的心。他的憤怒化作了親切的關懷，立即從寶座上跑下，用寬慰的話語使以斯帖平靜下來。9「怎麼啦，以斯帖？」他對她說：「我是你的哥哥，10我們的律法只用在庶民身上，所以妳不會死！11到我這兒

來。」

　　12他舉起金權杖觸了她的脖頸,又吻了她,說:「告訴我,妳想要什麼?」13「我看見你的時候,我主,我還以為看見了上帝的天使呢。」王后回答說:「我被你的威武之尊大大震撼。14你是如此令人驚奇,面容卻又充滿恩慈。」15可當她這樣說著時,她又一次昏了過去。16王為她憂心忡忡,他的所有侍者也都在想方設法使她甦醒過來。

　　「補錄丁」1至11節是希伯來經文五章1至2節(即和合本的五1~2)的生動補充說明。以斯帖越規見王後,「捧心顰眉」,兩次暈倒,嬌豔欲滴,我見猶憐,難怪大王回心轉意,賜予金杖免死。以斯帖善用女人的本錢,激發大王憐香惜玉之心,以利便宜行事。

　　以斯帖不召自來,提心吊膽;瓦實提奉召而不來,即被打入冷宮。人生禍福,一日之間,一殿之內,而氣候不齊。其中的神祕因素只能歸於上帝特殊的眷顧(參「補錄丁」8節)。

第五章

1～8節　以斯帖宴請嬌客

1第三日，以斯帖穿上朝服，進王宮的內院，對殿站立。王在殿裡坐在寶座上，對著殿門。2王見王后以斯帖站在院內，就施恩於她，向她伸出手中的金杖；以斯帖便向前摸杖頭。3王對她說：「王后以斯帖啊，妳要什麼？妳求什麼，就是國的一半也必賜給妳。」4以斯帖說：「王若以為美，就請王帶著哈曼，今日赴我所預備的筵席。」5王說：「叫哈曼速速照以斯帖的話去行。」於是王帶著哈曼赴以斯帖所預備的筵席。6在酒席筵前，王又問以斯帖說：「妳要什麼，我必賜給妳；妳求什麼，就是國的一半也必為妳成就。」7以斯帖回答說：「我有所要，我有所求。8我若在王眼前蒙恩，王若願意賜我所要的，准我所求的，就請王帶著哈曼再赴我所要預備的筵席。明日我必照王所問的說明。」

以斯帖禁食完畢，盛裝而出謁見王，王心大喜，伸金杖赦其違例。以斯帖邀請王和哈曼赴其筵席。席間龍心大悅，又向以斯帖施恩；以斯帖欲擒先縱，暫不說出她的請求，二度邀請王和哈曼赴宴。

　　1第三日：以斯帖認同了選民之後，在「第三日」穿上朝服去面聖。猶太人的《以斯帖記米大示》評論這一幕時指出：「以色列的哀哀無告之傷痛從來不超過三日」（*Esther Rabbah*. London: Soncino, 1939: 112）。該註釋通過末底改和以色列奇蹟式的拯救，與舊約中亞伯拉罕、雅各和約拿的生平做比較，這些都與「三日」有關（參創二十二4，三十一22；拿一17）。這類神蹟與猶太人的遺傳——死人「將於末日審判開始的三日後復活」——連繫在一起。這種思想奠基於何西阿書六章2節：「過兩天，他必使我們甦醒；第三天，他必使我們興起，我們就在他面前得以存活。」**朝服**：以斯帖脫下麻衣，換上燦爛光鮮的朝服，以便見駕。**對殿站立**：故意走到殿的對面，讓王可以看見的地方，使王主動呼召她。王坐在金鑾寶殿的寶座上，可以看見任何經過女院廊子的人。

　　2**王見王后……**：原文有*wyhy*開始，帶有「這事以後」的意思（AB: "Finally……"；參一1註釋），可見以斯帖站在那裡觀望了一會兒。**王后以斯帖**：在書中提到以斯帖的名字三十七次，其中有十四次尊稱「王后以斯帖」；十四次中，除了一次以外，「王后以斯帖」是在五章1節以後才出

現的。只有當以斯帖與上帝的子民認同並豁出去之後，才取得其母儀天下的尊嚴和權力。**金杖：**一直被解經家看作是拯救的記號：金杖不伸，以斯帖將是死路一條，或被打入冷宮；金杖一伸，猶大人才得以**翻身**。我們雖不願把冷酷無情的亞哈隨魯王看作是上帝的化身，但其金杖確實有起死回生的赦罪功能。舉例來說，馬丁路德在註解詩篇二篇⑨節（「你必用鐵杖打破他們」）時說：「這鐵杖是在約瑟手中，是雅各在牀頭上敬拜的杖頭〔創四十七㉛〕，也是以斯帖所摸、所吻的杖頭。」如此他把王的金杖和耶穌基督的福音串聯在一起。無獨有偶，天主教傳統上視以斯帖為聖母馬利亞的表象之一，因她為選民向威嚴的基督君王代求。

3國的一半：這是「不愛江山愛美人」的君王的誇張說法，認真不得的。比照希律王對希羅底的女兒慾火攻心時所說的話（參可六㉓）。不過王知道她既然敢冒死求見，心中必有所求。

4：以斯帖當務之急不立刻為民請命，卻還在宴會上打轉。也許時機還不成熟，她在等候適當的時間。看她再邀哈曼同來，可見胸有成竹，智珠在握。**帶著哈曼：**哈曼身為太宰又兼任王的護衛出席宴會，應是一種榮譽，而非被迫的。

7～8：可見天底下「沒有白吃的筵席」，欲知所求如何，明日我必照王所問的說明。這是小說中的故布疑陣，不但王的心中懸疑，讀者的心中亦然。

此時以斯帖已經取得主動，她開始發號施令，指揮若

定，到本書的尾聲贏得如此宣告：「以斯帖命定守『普珥日』，這事也記錄在書上」（九[32]）。當本書四大天王巨星陸續出現的時候，這位千依百順、小鳥依人的猶太小孤女，連祖宗三代也不敢與人言，後來卻一躍成為命定守普珥日的權威當局，真是「不鳴則已，一鳴驚人」。

默想與討論

1. 為何王見以斯帖之後，肯向她施恩伸出金杖？

2. 王答應給人「國的一半」，是否都有兌現？

3. 為何筵席要連擺兩次，以斯帖才肯說出心中所要所求？

五章[9]～[14]節　哈曼躊躇滿志，自鳴得意

[9]那日哈曼心中快樂，歡歡喜喜地出來；但見末底改在朝門不站起來，連身也不動，就滿心惱怒末底改。[10]哈曼暫且忍耐回家，叫人請他朋友和妻子細利斯來。[11]哈曼將他富厚的榮耀、眾多的兒女，和王抬舉他，使他超乎首領臣僕之上，都述說給他們聽。[12]哈曼又說：「王后以斯帖預備筵席，除了我之外，不許別人隨王赴席。明日王后又請我隨王赴席；[13]只是我見猶大人末底改坐在朝門，雖有這一切榮耀，也與我無益。」[14]他的妻細利斯和他一切的朋友對他說：「不如立一個五丈高的木架，明早求王將末底改掛在其

上，然後你可以歡歡喜喜地隨王赴席。」哈曼以這話為美，就叫人作了木架。

　　哈曼此時位極人臣，意氣風發，不可一世；但在回家的路上偏偏遇見末底改，這末底改文風不動，令人可惱。哈曼聚集妻子友人，炫耀自己的權勢，卻告訴他們末底改如何不買帳。他們反過來建議立一個木架，翌日把末底改吊死。

　　⑩細利斯（Zeresh）：此名可能是波斯文，意為金子。諷刺的是，波斯王通告全國，大振夫綱（一⑫）。哈曼卻為一己的虛榮而聽從小人與婦人之言，被他們牽著鼻子走。細利斯令人想起貪心的亞哈王謀奪拿伯葡萄園的故事，謀田害命就是惡妻耶洗別王后出的主意（王上二十一①～⑯），與細利斯謀害末底改如出一轍。為滿足虛浮的榮耀以博取別人的尊敬，在波斯的異教世界裡，竟比人命重要！

　　⑪眾多的兒女：波斯人與中國人一樣，認為兒女成群是大福氣，強調「多福多壽多子女」。

　　⑬與我無益：新譯本：「沒有多大的意思」；現中：「對我毫無意義」；思高：「都乏味了」。小心眼的哈曼，一念及此，就覺索然無味了。

　　⑭木架：可能是一個示眾的絞架，把犯人刺住或釘在其上，可視之為「十字架」的雛形（參附錄十一：「十字架酷刑的溯源」）。

默想與討論

1. 本書的敘事過程主要由兩個基本動力和手段來完成：懸念與巧合。進一步說，是事件──懸念──巧合──新的事件──新的懸念──新的巧合──更新的事件──更新的懸念⋯⋯一種鍊條進程。

一個故事，哪怕是一個傳奇故事，將它平鋪直敘，從頭到尾地講述，總難吸引人。要吸引人，必須敘述得曲折一些，又變化一些，使之跌宕起伏。其次，懸念和巧合是難分難解的：以斯帖安排二次筵席，故意賣關子，吊王的胃口，也吊讀者的胃口；哈曼「無巧不成書」，在王思念末底改的功勞時，「適時地」出現了，故以其自我陶醉的方式來尊榮末底改。結果，「以其人之道還治其人之身」，他自設絞架，作法自斃。作者對懸念和巧合的運用，達到了爐火純青的境界，值得我們讚歎學習。

2. 一旦以斯帖決志與上帝的百姓同受苦難，她已經決定以死報國，但是上帝使她「置之死地而後生」，猶大人因此而得救，免去一劫。反過來，由於她的決定，注定了哈曼的毀滅。以斯帖的一念之差，決定了生與死的角色易位，連帶猶大人和其他族裔的存亡絕續，其影響不可謂不大。

個人的決定如何影響自身、社會，甚至國家民族？試舉例說明。

第六章

①～⑨節　末底改遲來的獎賞

　　①那夜王睡不著覺，就吩咐人取歷史來，念給他聽。②正遇見書上寫著說：王的太監中有兩個守門的，辟探和提列，想要下手害亞哈隨魯王，末底改將這事告訴王后。③王說：「末底改行了這事，賜他什麼尊榮爵位沒有？」伺候王的臣僕回答說：「沒有賜他什麼。」④王說：「誰在院子裡？」（那時哈曼正進王宮的外院，要求王將末底改掛在他所預備的木架上。）⑤臣僕說：「哈曼站在院內。」王說：「叫他進來。」⑥哈曼就進去。王問他說：「王所喜悅尊榮的人，當如何待他呢？」哈曼心裡說：「王所喜悅尊榮的，不是我是誰呢？」⑦哈曼就回答說：「王所喜悅尊榮的人，⑧當將王常穿的朝服和戴冠的御馬，⑨都交給王極尊貴的一個大臣，命他將衣服給王所喜悅尊榮的人穿上，使他騎上馬，走遍城裡的城市，在他面前宣告說：王所喜悅尊榮的人，就如此待他。」

由於王徹夜失眠，令他想讀一段王朝實錄。選讀的剛巧就是末底改揭發刺王陰謀的記載（參二 23）。亞哈隨魯查問到當時末底改有功無賞，就問剛進來的哈曼應如何行賞？哈曼會錯了意，以為此人遠在天邊，近在眼前，非指自己莫屬，故建議要給這人穿上蟒袍玉帶，騎馬遊街示眾。

1 **睡不著覺**：另一次天意干預的實例。整個故事繫於王的徹夜未眠，此一轉折（英文修辭學稱為peripeteia，詳參第七章：「文學架構」），那幕後的大手，呼之欲出，令人想起箴言一句「王的心在耶和華手中，好像隴溝裡的水，隨意流轉。」（二十一 1），難怪七十士譯本要改為「主使王在那夜睡不著覺」。

2 **正遇見書上寫著說**：無巧不成書。

3 **沒有賜他什麼**：有功不賞，違反了君王「信賞必罰」的原則。

4 **那時哈曼正……**：又是另一項巧合。

5 **哈曼站在院內**：當時只有哈曼站在院內，可見他大清早便起來見王，想求王允准他吊死末底改。

6 **不是我是誰呢**：舉世滔滔，捨我其誰呢？哈曼的驕傲是他失敗的原因。一八四〇年五月，卡萊爾（Thomas Carlyle, 1795－1881）在倫敦作了一連串的演講，主題是：「歷史上的英雄，都不知道自己是什麼？」（收錄在一八四一年出版的《論英雄、英雄崇拜與歷史中的英雄事蹟》，兩年後擴充為「過去和現在」的大作）。

8 **朝服**：穿上朝服就是最高的榮譽，相當於中國古時的蟒袍玉帶。希羅多德記載亞哈隨魯的叔叔亞達班紐（Artabanus）的寵渥優遇，得以穿上朝服，坐上王的寶座，並睡在御牀上。**戴冠的御馬**：屬於君王特殊的坐騎。從亞述人的浮雕上可以看到馬匹戴上王冠。此處顯出君王威武的儀仗，與「沐猴而冠」不可同日而語。

9 **王所喜悅尊榮的人**：這位到底是何方神聖？作者的手法迂迴，類似撒母耳記下十二章 1 ～ 7 節和十四章 1 ～ 17 節的聲東擊西，使當事人自己被套牢了，動彈不得。此處，哈曼作繭自縛，作者將應歸末底改的榮耀回歸給他，使得哈曼大受羞辱。此處也看出王未將滅族詔書與猶大人連在一起，無所謂「反猶」的偏見。

默想與討論

本段故事可能是全本聖經最具喜劇效果的一幕，當然，以斯帖記全書不能說是喜劇作品，因為它主要是走一種「正劇」式的傳奇路子。但在本書連同補錄，頗能突顯小說的悲喜交加的審美意境。所謂悲喜交加，就是將喜劇與悲劇元素相結合，以喜劇的形式反映悲劇的意蘊，從而造成一種悲中有喜、喜中有悲、悲喜交加的複雜審美意境和感受。當哈曼處心積慮想把末底改置之死地時，大王卻忙不迭地加冠晉爵。哈曼不疑有他地來到王宮內院，一心以為天下滔滔，捨

我其誰——「王所喜悅尊榮的，不是我是誰呢？」如果有一幅「敗壞之先，人心驕傲」的圖畫，這就是了。

1.本段經文中可以看到幾處斧鑿痕——「天意」的運作？

2.你如何解釋詩人所說：「我們生活、動作、存留，都在乎他」（參徒十六28）？

3.末底改將得的尊榮，與約瑟在埃及法老眼前所蒙的恩，有什麼異同？

4.試舉出一些人生例子，看看上帝怎樣因環境改變而扭轉局勢，最終帶來事情的解決？

5.在你一生中，有沒有「有功未得獎賞」的實例？你如何看待這些事情？

六章10～14節　哈曼灰頭土臉

10王對哈曼說：「你速速將這衣服和馬，照你所說的，向坐在朝門的猶大人末底改去行。凡你所說的，一樣不可缺。」11於是哈曼將朝服給末底改穿上，使他騎上馬，走遍城裡的街市，在他面前宣告說：「王所喜悅尊榮的人，就如此待他。」12末底改仍回到朝門，哈曼卻憂憂悶悶地蒙著頭，急忙回家去了，13將所遇的一切事詳細說給他的妻細利斯和他的眾朋友聽。他的智慧人和他的妻細利斯對他說：「你在末底改面前始而敗落，他如果是猶大人，你必不能勝

他，終必在他面前敗落。」[14]他們還與哈曼說話的時候，王的太監來催哈曼快走赴以斯帖所預備的筵席。

[10]**猶大人末底改**：王稱末底改為猶大人，可見在他的心目中，並未將猶大人與滅族的詔書連在一起。

[11]：蟒袍玉帶，遊街示眾，恰與[8]至[9]節所述的一樣；哈曼牽馬隨蹬，走遍全市，難過到極點。

[12]：二人形成強烈的對照。**蒙頭**：難過的表記。正如末底改在從前的憂傷表現（四[1]～[2]），現在輪到哈曼蒙著頭了。末底改為替即將臨到的猶大人滅族厄運而悲；哈曼不僅為一己的屈辱，同時也為自己的將亡而哀。哈曼的所作所為正好驗證箴言二十六章[27]節所警告的：「挖陷坑的，自己必掉在其中；輥石頭的，石頭必輥在他身上。」玩火自焚，屢證不爽。

[13]**智慧人**：這事以後，這班智囊團變得明智得多，一言中的，說出事情的結局。與猶大人過不去，就是與自己過不去，終必一敗塗地。難道哈曼一開始並未告訴他們末底改是猶大人（參五[13]）？有時上帝幽默地藉著敵對的人所說的心底話反映真相：猶大人是上帝的選民，有全能的上主為靠山，人必不能勝他們，終必在他們面前落敗。新約亦有一例，說明真理的敵人也可無意中說出真理：耶穌受難時，該亞法向猶太人發議論說：「一個人替百姓死是有益的」（約十八[14]）。

14：這一節是「過門」的經節，帶領讀者從一情境進到另一情境。哈曼此時已經失魂落魄，六神無主，故須有太監來催促上路；如是從前，則一切早就預備好了！

默想與討論

上帝的恩典臨到我們，有時姍姍來遲，但總比沒有好──寧遲勿缺（Rather late than never!），故此，有人說：「上帝的遲延，並非祂的否定」（God's delay is not His denial.）。

第七章

1～10節　從英雄到狗熊

1 王帶著哈曼來赴王后以斯帖的筵席。2 這第二次在酒席筵前，王又問以斯帖說：「王后以斯帖啊，妳要什麼，我必賜給妳；妳求什麼，就是國的一半也必為妳成就。」3 王后以斯帖回答說：「我若在王眼前蒙恩，王若以為美，我所願的，是願王將我的性命賜給我；我所求的，是求王將我的本族賜給我。4 因我和我的本族被賣了，要翦除殺戮滅絕我們。我們若被賣為奴為婢，我也閉口不言；但王的損失，敵人萬不能補足。」5 亞哈隨魯王問王后以斯帖說：「擅敢起意如此行的是誰？這人在哪裡呢？」6 以斯帖說：「仇人敵人就是這惡人哈曼！」

哈曼在王和王后面前就甚驚惶。7 王便大怒，起來離開酒席往御園去了。哈曼見王定意要加罪與他，就起來，求王后以斯帖救命。8 王從御園回到酒席之處，見哈曼伏在以斯帖所靠的榻上；王說：「他竟敢在宮內、在我面前凌辱王后

嗎？」這話一出王口，人就蒙了哈曼的臉。⑨伺候王的一個太監名叫哈波拿，說：「哈曼為那救王有功的末底改，做了五丈高的木架，現今立在哈曼家裡。」王說：「把哈曼掛在其上。」⑩於是人將哈曼掛在他為末底改所預備的木架上。王的忿怒這才止息。

　　語云：「趙孟之所貴，趙孟亦能賤之」，哈曼小人得志，無赫赫之功勳，卻位極人臣；如今又忤上意，由巔峰驟降，至於谷底，真是爬得越高，摔得越重。
　　②**妳要什麼……妳求什麼**：問得好！天子無戲言，以斯帖打蛇隨棍上——所願所求的是……。
　　③**我所願的……我所求的**：以斯帖說完一貫的宮殿禮節後，便戲劇性地、單刀直入地道出她的要求。以斯帖小心翼翼地攤牌了，這一天不單要揭穿哈曼的醜惡面目，連帶也要暴露自己的身分。王后要認祖歸宗了！
　　④**賣**：這自然與哈曼所出的價銀有關。**翦除殺戮滅絕**：與三章⑬節一連串殺氣騰騰的字眼相呼應。**我們若被賣為奴為婢，我也閉口不言**：這是退一步而言，如果僅是被賣為奴婢倒也罷了，但人命關天，要滅族則期期以為不可！
　　⑤**問……說**：*wayyō'mer*可以譯為「大叫」。**擅敢起意**：何人膽敢如此妄為？
　　⑥**仇人敵人**：又是一個石破天驚的戲劇性回答。誰？仇人？敵人？就是這惡人哈曼！**驚惶**：以斯帖巧妙的回答，就

是重施先知拿單的故技，指桑罵槐之後終於說出：「你就是那人」（撒下十二[7]）。亞哈隨魯王照樣被激起怒氣，忙不迭地問：「這人在哪裡呢？」哈曼聽了，驚愕多於害怕。

[7]**大怒**：衝冠一怒為紅顏，大王的牛脾氣又發作了！哈曼的由人臣「至高之處降為卑」的過程，亞哈隨魯王實不能辭其咎，所謂「拿人的錢的手軟」；二來「君子無戲言」，令出如山，詔書總不能出爾反爾，朝令夕改。故此亞哈隨魯惱羞成怒，拂袖而去，前往御園。**哈曼……起來**：應該是「留下」（參新譯本、NRSV、NIV）。哈曼決意留下哀求以斯帖說情，可能他認為「解鈴還須繫鈴人」，以斯帖若收回控訴，王的怒氣自然就煙消雲散！

[8]**伏在以斯帖所靠的榻上**：哈曼知道王很少自作主張，若有的話，也都是「被人牽著鼻子走」，由近臣獻議，哈曼自己就是過來人。此回事不諧矣，他的生命繫於王后的手中，故敢冒天下的大不韙，單獨留下來向王后求情。殊不知他伏下來的姿勢，瓜田李下，王回頭的時候，以為哈曼色膽包天，干犯天條，竟敢對以斯帖無禮。又是另一個巧合。**蒙了……臉**：按當時的風俗，處死罪犯以前，應蒙起他的臉。王的左右太監，總有一些希意承旨的人，一等王開口，就把哈曼當做十惡不赦的人看待。

[9]**哈波拿**：一章[10]節的七大太監之一。哈波拿打蛇隨棍上，不單有助於立刻解決哈曼，更證明他罪有應得，因為哈波拿指出哈曼陷害忠良，要把末底改掛在家裡的五丈高木架上。

|10|：王顯然喜悅這樣方便的做法，哈曼作法自斃，惡有惡報，皆大歡喜，王的忿怒也告平息了（參詩七|16|）。

默想與討論

有些註釋家以「春秋責備賢者」的角度，認為以斯帖未免有些殘忍不仁，殊不知這是一場你死我活的「聖戰」——對敵人仁慈，就是對自己殘忍！哈曼處心積慮要將猶大人斬草除根，如果以斯帖堅持「婦人之仁」，像掃羅放了亞甲一馬，致遭天譴，以致他的後裔哈曼來報此世仇。前事不忘，後事之師，殘忍云乎哉？

以斯帖以一弱女子陷身異邑，委身事強梁，人在江湖，身不由己，她本來就不是一個今日女性十全十美的典範——她是救恩歷史中一個特殊時期擔任波斯王后的猶太小女子，成為與同胞認同的愛國（族）份子。沒有其他女性能夠或應該群起效尤她的品格或行為，正如今日沒有一個基督徒男子會傚效大衛殺死了兩百非利士人，將他們的包皮充作駙馬爺的聘禮（參撒上十八|24|～|30|）。

善有善報，惡有惡報，不是不報，時候未到。但是有些惡人似乎一生都沒有受報，令人心懷不平（參詩三十七|1|～|10|，七十三|1|～|14|；箴二十四|19|～|20|），你如何理解呢？

第八章

①～⑧節　末底改獲擢升、以斯帖為猶大人平反

①當日，亞哈隨魯王把猶大人仇敵哈曼的家產賜給王后以斯帖。末底改也來到王面前，因為以斯帖已經告訴王，末底改是她的親屬。②王摘下自己的戒指，就是從哈曼追回的，給了末底改。以斯帖派末底改管理哈曼的家產。

③以斯帖又俯伏在王腳前，流淚哀告，求他除掉亞甲族哈曼害猶大人的惡謀。④王向以斯帖伸出金杖；以斯帖就起來，站在王前，⑤說：「亞甲族哈米大他的兒子哈曼設謀傳旨，要殺滅在王各省的猶大人。現今王若願意，我若在王眼前蒙恩，王若以為美，若喜悅我，請王另下旨意，廢除哈曼所傳的那旨意。⑥我何忍見我本族的人受害？何忍見我同宗的人被滅呢？」⑦亞哈隨魯王對王后以斯帖和猶大人末底改說：「因哈曼要下手害猶大人，我已將他的家產賜給以斯帖，人也將哈曼掛在木架上。⑧現在你們可以隨意奉王的名寫諭旨給猶大人，用王的戒指蓋印；因為奉王名所寫、用王

戒指蓋印的諭旨，人都不能廢除。」

　　雖然哈曼已經倒台，以斯帖已經勝利，尚有一事未了。哈曼詔書既已發出，按照瑪代和波斯的傳統法例，駟馬難追；誅九族的命令仍定於亞達月十三日執行。

　　①把……哈曼的家產賜給王后以斯帖：哈曼被處死後，財產充公，王把這些富可敵國的財寶和產業轉贈給以斯帖。看來亞哈隨魯王死要面子，至少在表面上，他並不想侵吞哈曼的財產（參三⑪），即使國庫空虛，連年征伐，也不在話下。

　　②摘下自己的戒指：哈曼的宰相位置如今由末底改取而代之。以斯帖把哈曼的財產也給了他管理。

　　③俯伏在王腳前：不僅是臣服的禮節，也是為了猶大人滅族的厄運心中苦惱，哀哀求告。

　　④伸出金杖：類似「平身！賜你無罪」的表示；果然以斯帖就起來站在王面前。

　　⑤王若願意，我若在王眼前蒙恩，王若以為美，若喜悅我：以斯帖每當向王提出請求時，總以這些標準的宮廷禮節語作為開場白，楚楚可憐地以女性的溫柔打動王心。以斯帖使盡渾身解數，卻仍不能十分肯定這位反覆無常的帝王丈夫的意志如何，真是「天之高，地之厚，君王之心也測不透」（箴二十五③）。哈曼所傳的那旨意：可見所謂「反猶詔書」就是「哈曼詔書」。以斯帖在此四兩撥千斤，把所有的

責任歸給哈曼，免得王的面子掛不住。

⑥**我何忍見我本族的人受害？何忍見我同宗的人被滅呢？**：這才是以斯帖的本意和心機。

⑧**你們可以**：代名詞第二人稱祈使語氣——你們自己隨意寫上吧！這好像支票簽了名，數目可以讓人隨心所欲地填上。真是王恩浩蕩，昊天罔極！

默想與討論

義大利政治家馬基維利（Niccolò Machiavelli, 1469－1527）的不朽作品《君王論》（*The Prince*）主張，為了權力不擇手段、背棄良心的人才夠資格稱王。五百年來，這種觀點被奉為圭臬，而女人就在男人的地盤裡摸索奮鬥，爭取一席立足之地。

美國出版業女傑盧本（Harriet Rubin）為女性的成功祕訣寫下《女君王論》（*The Princessa*, 1997），同樣探討「權力」的主題，卻提供了迥然不同的論點與方法。她認為現代女性不應被動地遵循男人世界的遊戲規則；不論在職務上，或是在生活的領域裡，女人必須發揮柔性特質，運用女人獨特的生理與心理天賦來改變局勢，創造出新的遊戲規則。盧本歸納出十八種實用的戰術，並引用了諸多傳奇女性的故事作為範例；事實上，開山老祖母——遠在天邊，近在眼前，就是二千五百年前的以斯帖！

能藉著模倣的方式前進，方為善學者。但我們常依循在時空上最為接近的足跡，而所師之人也未必是最好或最尊貴的，只不過是我們最熟悉的。因此，女君王勸告她的讀者：「取法乎上！」如此至少可以得乎中；如果取法乎中，就只能得乎下了。

權力向來意指對眾人的宰割、坐擁龐大的財產、商業王國、國家、公司。控制的範圍愈廣，權力則愈大。在今天，微權力（micropower）是唯一值得擁有的權力，即在狹小、艱困、危險的範圍裡行使的權力。策略乃操控的藝術，藉舉動或以令對方感知起作用的方法以成之。軍隊常為不祥之器；全面開戰的計畫，惱人之物也。女君王明白，不戰而屈人之兵，才是上上；她的生活取決於如何以一己之動靜牽引他人之動靜。策略，是使自己免於癡昧之良方。

女性喜愛以四兩撥千斤的方法來化解危機。其妙處在於，愈是像個女人一樣戰鬥，斬獲便愈多。在這個奇怪、看似矛盾的邏輯裡，「女人味」是女君王的法寶，也是最佳利器。

八章⑨～⑫節　傳諭旨

⑨三月，就是西彎月二十三日，將王的書記召來，按著末底改所吩咐的，用各省的文字、各族的方言，並猶大人的文字方言寫諭旨，傳給那從印度直到古實一百二十七省的猶

大人和總督省長首領。[10]末底改奉亞哈隨魯王的名寫諭旨，用王的戒指蓋印，交給騎御馬圈快馬的驛卒，傳到各處。[11]～[12]諭旨中，王准各省各城的猶大人在一日之間，十二月，就是亞達月十三日，聚集保護性命，剪除殺戮滅絕那要攻擊猶大人的一切仇敵和他們的妻子兒女，奪取他們的財為掠物。

　　上一段，以斯帖戰戰兢兢提出的小心翼翼的請求，在此得到認可。在王腳前痛哭流涕的以斯帖，成為猶大人的象徵——她是一個手無寸鐵的女人，依靠一個號令天下的男人；猶大人為被擄的哀哀無告的小民，依靠一個強而有力的政府行事。女君王以斯帖依靠女人的本錢，心想事成，行遍天下而無阻。女性所擁有的力量足堪成就鴻鵠大志，就是伸張正義：有冤報冤，有仇報仇。

　　[9]西彎月二十三日：哈曼的詔書和末底改的詔書之間相差兩個月零十天。為何蹉跎至今？有人說這是暗示被擄七十年的光陰，因七十天象徵七十年。真相如何，不得而知。

　　[10]快馬：飛騎傳書，急如星火。

　　[12]聚集：這不但指他們在那天聚集，更是指猶大人在事前所做的準備工作，組成一個有力的防衛系統。保護性命：既然滅命的詔書一出，駟馬難追，無法變更，末底改想到一個釜底抽薪的反制辦法，就是在詔書上加上一條「但書」，允許猶大人自衛，以暴制暴，可以除滅那些想攻擊他們的

人。**翦除殺戮滅絕**：這殺氣騰騰的三個動詞第三次出現（前兩次為三⒀，七⒋），說明末底改的詔書與哈曼詔書相似之處。王准許猶大人以其人之道還治其人之身，因為哈曼的詔令不能廢除，末底改把內容倒轉過來頒布，雖然難免趕盡殺絕的殘忍印象，但聖經敘述當天的情況時，卻特別強調猶大人「沒有下手奪取財物」（九⒃）。**和妻子兒女**：可能只是一種「以牙還牙」式的表達，以對照哈曼詔書的「無論老少婦女小孩」（參三⒀）。實際上，他們殺的是「恨他們的（男）人七萬五千」（九⒃）。

默想與討論

　　王自認無法撤銷他自己已發出的命令，但他能再發一道與之相反的命令挽回之。九章⒈節指示這兩種命令都執行，王竟不以國內互相殘殺為意，其殘忍寡恩，可見一斑。

　　王的鐵卷丹書雖然不能更改，以斯帖和末底改一朝權在手，卻可以另寫一道相似的詔書來加以反制，清除其殺傷力，反敗為勝。筆者曾因看牙心理緊張，給大夫在病歷表上註明為：「最困難的病人之一」云云，造成情緒上的壓力加劇，直到另一位大夫亦在病歷表上加填：「最合作的病人之一」字樣，方才如釋重負，完成一次成功的診治過程。

　　神學家尼布爾（Reinhold Niebuhr）著名的「寧靜禱詞」說：「上帝啊，求祢賜給我勇氣去改變我所能改變的；賜給

我一顆逆來順受的心，接受我不能夠改變的；並賜給我智慧，能夠分辨這兩者的不同。」如果我不能改變外在情況，如果我無法改變別人，那麼唯一能做的，就是改變自己。調整心態，轉換觀點，改條路走……生命依然寬廣！

補錄戊

（加插於八⑫～⑬節之間）

護猶詔書

① 諭文如下：「亞哈隨魯大王致候由印度至古實〔Ethiopia〕一百二十七省長，並忠於朕之臣民。

② 查有多人，恩主愈加之高官厚祿，其人反而愈妄自尊大，不僅企圖危害朕之臣民為滿足，進而圖謀推倒其恩主。③ 彼等不獨不知圖報，且更與無知之輩，驕矜自大，自以為可以逃避洞悉一切、嫉惡如仇至公義之上主。④ 坐高位之人，屢受執掌公職的朋友妄言之煽惑，共謀傾流無辜者之血，因而陷於不可挽救之禍殃。⑤ 彼等利用乖戾欺詐之計謀，迷惑誠實善良之君主。

⑥ 此處無須引證傳流下來之古籍，我們只須考察發生於我們中間之事，即可知曉。⑦ 是以為防患於未然，使帝國免於禍亂，人人得享安樂，⑧ 朕將作出改革，務以正義裁判，處斷呈遞於朕之案件。⑨ 今哈米大他之子，馬其頓人哈

曼（實非波斯血統，亦不具有我們之寬仁氣魄），然朕仍收為客卿，[10]親歷朕對各族所有之優惠，竟被尊稱為父，受萬民敬禮，位居帝座之次。[11]今高官厚祿，而心猶不足，竟欲奪朕國，害朕命，[12]更千方百計，企圖將朕之救命恩主末底改，並朕之無辜后妃以斯帖，與其全族上下，予以消滅。[13]如此，欲乘本國之危，交波斯帝國於馬其頓人。

[14]然據朕察知，此敗類欲消滅之猶大人，原非作惡歹徒，實乃奉公守法之民，[15]彼等乃賜朕與朕祖國昌盛之至高至大，永生上帝之兒子。

[16]是以你們不宜履行哈米大他之子頒發之文書，因其撰者與全家已懸首於書珊城門前矣！此乃主宰萬物者上主使其得此報應。

[17]因此，是項文告，你們應四處公布，准猶大人遵守其固有之法律，且應在擇定迫害彼等之日，即亞達月十二月十三日，協助彼等抵抗殺害彼等之人。[18]蓋主宰萬物者上主，已將此消滅選民之日化為喜樂之日。[19]是以於你們之慶節中，也應隆重慶祝此紀念日，使現在與未來皆慶祝朕與波斯之忠良之勝利，但為圖謀害朕之輩，乃滅亡之紀念日。[20]凡不履行此命令之城市或區域，應毫不留情，一律火焚刀斬，使此城區非但人跡不至，即鳥獸也視為畏途，直到永遠。」欽此。

[1]**忠於朕之臣民**：暗示有些不忠的人在。開首語與補錄

乙之論文開端大同小異。

2恩主：此榮銜為希臘和羅馬的皇帝喜加於自己名字上的（參路二十二25）。

9馬其頓人：這當然是七十士譯本所出。哈曼在希伯來文本向來稱為亞甲人（八3，三1）。馬其頓人和波斯人為世仇，稱哈曼為馬其頓人含有貶意（參「補錄甲」17節的註釋）。

11奪朕國，害朕命：在希伯來文的以斯帖記中，我們找不到任何哈曼想謀朝篡位的痕跡，不過「補錄甲」末端強烈暗示哈曼是兩個太監刺客的背後主謀者。希臘文版本說明哈曼的目的是：「欲乘本國之危，交波斯帝國於馬其頓人」（13節）。

12救命恩主末底改：當然不同於2節王的自稱。無論如何，兩者都有新約救世主的弦外之音。

14奉公守法之民：稱猶大人為奉公守法之民，恰與哈曼所言（三8）針鋒相對，顯出作者的別有懷抱。

15永生上帝：作為祆教忠實信徒的亞哈隨魯，竟如此稱呼猶大人的上帝為「永生上帝」，並將祖國昌盛歸功於祂，不免有點匪夷所思。不過請注意操刀者既為猶大人末底改，詔書字眼就像其他被擄時期的作品如但以理書等，外邦君主都有這樣的認定（參但二47，三28～29，四1～3、34～37，六26～27）。

16你們不宜履行……文書，因其撰者與全家已懸首於

書珊城門前矣：此與希伯來文以斯帖記有出入。此處的「不宜履行」應免除第九章的大屠殺，畢竟那是自衛還擊——沒有攻擊，又何來還擊？如果「滅猶詔書」壓根兒未被執行，當然就不會有殺人成河的慘劇！可能是七十士譯本補錄未出現，希伯來文的第九章已經風行，若非搶救未及，就是編輯者不力，而有此誤。此外，哈曼懸首於書珊城門前，而非自己的家中，連帶他的全家都是同一時間懸首「午門」，並非在數月之後。這些出入顯示補錄文可能來自幾個資料來源，或者是編者粗心之誤。

⒄**准猶大人遵守其固有之法律**：這是希臘化時期的一個重要問題。在波斯治下，各族群有一定程度自治，只要他們不違背波斯人的統治。希臘化時期開始後，在托勒密王朝治下迄公元前一九八年，然後自西流古王朝迄公元前一七五年，猶大人被允許以摩西律法自治。可是到了安提阿古四世以比凡尼的時期，此特權被剝奪，此後猶大人就常掙扎於效忠宗主國抑或忠於律法之間的矛盾中。此處提到此優遇，指出本補錄應在公元前一七五年之後寫成。

⒅**選民**：這詞不太可能出現於波斯詔書上。

⒇**使此城區非但人跡不至，即鳥獸也視為畏途，直到永遠**：此為王家詔書的典型結語，其格式也出現在先知文學中，以賽亞書三十四章⑽、⒀至⒂節就有一段預言性描寫：

　　　世世代代成為荒廢，

永永遠遠無人經過。

宮殿要長荊棘；
保障要長蒺藜和刺草；
要作野狗的住處，
鴕鳥的居所。
曠野的走獸要和豺狼相遇；
野山羊要與伴偶對叫。
夜間的怪物必在那裡棲身，
自找安歇之處。
箭蛇要在那裡作窩，
下蛋，菢蛋，生子，
聚子在其影下；
鷂鷹各與伴偶聚集在那裡。

又《晉書·索靖傳》謂靖有先識遠量，知天下將亂，指洛陽宮門銅駝歎曰：「會見汝在荊棘中耳」。

默想與討論

本詔書呈現兩極的關懷，讓讀者一則以喜，一則以懼。喜的是，好不容易看到一幅族群融和的圖畫。猶大人固守自己的律法，外邦人也好自為之，河水不犯井水；可如今外邦人幫助猶大人，並且為了上帝的榮耀，與猶大人同慶他們的

節日。然而，作者也不厭其煩地撻伐馬其頓人為文化的異類——非我族類，其心可誅。這種兩面標準，取決於政治的正確性，自古已然，於今猶烈。

就某一方面來看，本詔書補充了「補錄乙」第一篇詔書的不足。本來，王突然喜歡起猶大人來，這和他以前下令屠殺猶大人是同樣不負責任的。不過，本詔書說明基本上這不是他的錯：王是為小人所欺，糊里糊塗。他毫無困難地下達了和前不久完全相反的指示，真是「出乎爾者，反乎爾者」。事實上，有大智慧的人都要能「以今日的我向昔日的我宣戰」，勇敢地去面對事實，改正錯誤。人非聖賢，孰能無過，過而能改，善莫大焉。亞哈隨魯一生受人擺布，難得有次頭腦清醒的時候！

本詔書的背後，作者再次捕捉了這些大人物的愚蠢和虛榮心：他們總是要讓人民相信，自己是不可或缺的國家棟梁，或時代的中流砥柱。如果沒有他們，人民將會生活在水深火熱之中。作者除了要表現上帝對祂百姓的眷顧，似乎也想逐漸根除對個人的崇拜，以及為獨裁的目的而創造出來的官方形象。

八章13～17節　公告全國普天同慶

13抄錄這諭旨，頒行各省，宣告各族，使猶大人預備等候那日，在仇敵身上報仇。14於是騎快馬的驛卒被王命催

促，急忙起行；諭旨也傳遍書珊城。

[15]末底改穿著藍色白色的朝服，頭戴大金冠冕，又穿紫色細麻布的外袍，從王面前出來；書珊城的人民都歡呼快樂。[16]猶大人有光榮，歡喜快樂而得尊貴。[17]王的諭旨所到的各省各城，猶大人都歡喜快樂，設擺筵宴，以那日為吉日。那國的人民，有許多因懼怕猶大人，就入了猶大籍。

[13]：與三章[14]節內容幾乎一樣。末底改的詔書昭告天下，各族男女，一體遵行，預備等候那日臨到。

[15]**末底改穿著藍色白色的朝服，頭戴大金冠冕，又穿紫色細麻布的外袍，從王面前出來**：想當日哈曼詔書一下，末底改撕衣、蒙灰，不得朝門而入，更無法見到君王；如今卻蟒袍玉帶，面聖回來，前後判若兩人（比較四[1]～[2]）。**書珊城的人民都歡呼快樂**：這些人民包括猶大人和外邦人。大奸已除，滅族的厄運已解，反賓為主，猶大人當然快樂，可喜的是一切人民都歡呼快樂。

[16]**光榮**：思高：「光明」，NRSV: light，象徵安和樂利。

[17]**吉日**：這好日子成為了猶大人的宗教節日，追本溯源，當然就是普珥日了。**因懼怕猶大人，就入了猶大籍**：在舊約中，只有此處記載這種現象（新譯本：「自認是猶大人」）。外邦人的歸化恐怕並不是真心悔改，歸依猶太教；任何基於恐懼心理而入教的，大概也不會持久。

　　外邦人集體入猶大籍之事，令人想起基督教歷史。宣教史權威學者雷圖瑞（K. S. Latourette, 1884－1968）認為教會歷史上公元三〇〇至一〇〇〇年的中世紀「群體歸主運動」，是當時歐洲人接受基督信仰的唯一方式。歷史證明歐洲教會從此五步一堂，十步一會，奠定了歐洲文明的基礎。當時入教的要求條件固然簡單，既入了教，則教育普及，不遺餘力，使信徒對宇宙萬象，四時佳興，重估其意義與價值。

第九章

①～⑲節　猶大人血刃仇人

①十二月，乃亞達月十三日，王的諭旨將要舉行，就是猶大人的仇敵盼望轄制他們的日子，猶大人反倒轄制恨他們的人。②猶大人在亞哈隨魯王各省的城裡聚集，下手擊殺那要害他們的人。無人能敵擋他們，因為各族都懼怕他們。③各省的首領、總督、省長，和辦理王事的人，因懼怕末底改，就都幫助猶大人。④末底改在朝中為大，名聲傳遍各省，日漸昌盛。⑤猶大人用刀擊殺一切仇敵，任意殺滅恨他們的人。⑥在書珊城，猶大人殺滅了五百人；⑦又殺巴珊大他、達分、亞斯帕他、⑧破拉他、亞大利雅、亞利大他、⑨帕瑪斯他、亞利賽、亞利代、瓦耶撒他；⑩這十人都是哈米大他的孫子、猶大人仇敵哈曼的兒子。猶大人卻沒有下手奪取財物。

⑪當日，將書珊城被殺的人數呈在王前。⑫王對王后以斯帖說：「猶大人在書珊城殺滅了五百人，又殺了哈曼的十

個兒子，在王的各省不知如何呢？現在妳要什麼，我必賜給妳；妳還求什麼，必也為妳成就。」[13]以斯帖說：「王若以為美，求你准書珊的猶大人，明日也照今日的旨意行，並將哈曼十個兒子的屍首掛在木架上。」[14]王便允准如此行。旨意傳在書珊，人就把哈曼十個兒子的屍首掛起來了。[15]亞達月十四日，書珊的猶大人又聚集在書珊，殺了三百人，卻沒有下手奪取財物。

[16]在王各省其餘的猶大人也都聚集保護性命，殺了恨他們的人七萬五千，卻沒有下手奪取財物。這樣，就脫離仇敵，得享平安。[17]亞達月十三日，行了這事，十四日安息，以這日為設筵歡樂的日子。[18]但書珊的猶大人，這十三日、十四日聚集殺戮仇敵；十五日安息，以這日為設筵歡樂的日子。[19]所以住無城牆鄉村的猶大人，如今都以亞達月十四日為設筵歡樂的吉日，彼此餽送禮物。

亞達月十三日，原來是猶大人被誅九族的日子，現竟轉變為克敵制勝的日子。局勢轉變一面倒，官長「西瓜偎大邊」，轉過來幫助猶大人，殲滅敵人，包括哈曼的十個兒子，卻不搶掠財物，亞哈隨魯王聽聞那日在書珊城所發生的事，又允許以斯帖所求，把書珊城的殺戮延長一日，並准許他們把哈曼的十子懸掛示眾。在其他地方，猶大人卻在亞達月十四日安息並舉行慶典。

[1]反倒：*nahăpôk hû'*（NRSV: which had been

changed），正合修辭學上對偶句的「交錯配別法」
（chiasmus），聖經的其他例子如：「貪愛銀子的，不因銀
子得知足」（傳五⑩；參斯六⑫的註釋）。

　　②**下手擊殺那要害他們的人**：這以殺止殺的自衛行動只
限於向那些主動要殺害猶大人的人。**各族都懼怕他們**：真是
風水輪流轉，猶大人反羞辱為光榮。末底改在朝為大官，文
武百官反過來怕得罪猶大人。就像楊貴妃得寵時，其堂兄楊
國忠升為宰相，史載他「居朝廷攘袂扼腕，公卿以下，頤指
氣使，莫不震慴」（參《舊唐書》）。不過末底改是正面人
物，不如楊氏的死於非命。

　　④**末底改在朝中為大**：出埃及記十一章③節載有「摩西
在埃及地……百姓的眼中看為極大」，使用的也是同樣的語
氣。

　　⑤**用刀擊殺**：*makka ḥereb*，從未用作「自衛」的說詞；
此處顯示猶大人主動攻擊敵人，所以七十士譯本略去此句。
以前是哈曼及其黨羽凌虐末底改和猶大人，如今輪到猶大人
和末底改任意殺滅敵人。

　　⑥**書珊城**：NIV和NRSV都作citadel of Susa（參一②的註
釋），說明屠殺不是在全城大街小巷中發生（AB: "The Jews
slaughtered…in the acropolis of Susa itself"；思高：「只在蘇
撒〔即書珊〕禁城，猶大人就殺死了五百人」；參⑫節思
高：「在蘇撒禁城內，猶大人已殺死了五百人……在其他各
省內，他們更將做出何事？」）。

7～10：此處哈曼的十個兒子皆有波斯名字，他們一天活著，猶大人的生命都受威脅。**沒有下手奪取財物**：作者三次重複這句話（10、15、16節），表明雖然詔書准許猶大人可以拿敵人的戰利品，但這是一場「聖戰」，聖戰是不許奪取戰物的（參創十四23）；亞伯拉罕打敗五王同盟後，並未奪取一根線、一根鞋帶，免得將所多瑪的不義之財成為其致富之源。這項原則是於史有據的（又比較撒上十五9～19以色列人的「急忙擄掠財物」）。總而言之，這場爭戰不是為財物，乃是為生死存亡。猶大人不是「侵略者」，他們只是為了自衛。

12：王的問題的語氣可參6節註釋（現中：「猶大人單在書珊一城就殺了五百人……至於其他的省份，他們一定也殺了不少！」）。**妳要什麼……妳還求什麼**：王的慷慨，可以予取予求，他似乎不把他的臣民被殺放在心上！

13：故事至此，以斯帖可說是猶大民族的化身，由一手無寸鐵、百依百順、任人擺布的弱女子，轉化為堅決果斷、特立獨行、克敵制勝的女強人。**明日也……**：末底改的「反詔書」宣布亞達月十三日為全國總攻擊日，而以斯帖要求翌日，即亞達月十四日，在書珊的衛城如法炮製，「添食」一日；如此一來，慶典的進行就要順延一天，改在亞達月十五日舉行。在本書寫成之時，某些地方連續兩天慶賀普珥節，但有些地方只慶祝一天。作者不嫌詞費，解釋普珥節的來龍去脈，順便一提為何有些地方一連慶祝兩天。也許第一天的

屠殺只集中在書珊的衛城，而第二天才擴展至全城；也可能
衛城的人竭力反抗，猶大人無法克竟全功，須多作一天。**將
哈曼十個兒子的屍首掛在木架上**：此舉可以儆效尤，打擊仇
敵的士氣，這是古時戰爭慣用的伎倆。掃羅和約拿單等三子
戰敗捐軀後，他們的首級也被懸在伯珊的城牆上示眾，虧得
便雅憫勇士連夜取回埋葬（撒上三十一10～12）。

16**七萬五千人**：若純指男丁而言，這是一個大數目，可
見公元前第五世紀的反猶運動已經如火如荼了。也許哈曼的
反猶詔書點燃了人們內心仇猶的星星之火，一發不可收拾，
以致仇敵有七萬五千之眾。**沒有下手奪取財物**：一而再，再
而三地宣告，全國各地的猶大人都沒有奪取財物。

19**住無城牆鄉村的猶大人**：新譯本：「鄉村的猶大人，
就是住沒有城牆的村鎮的」，顯示沒有城牆的鄉村和有城
牆的城市有別，故此首都書珊城要分兩天舉行。**彼此餽送禮
物**：交換禮物成為普珥日的特色之一，有如基督徒的聖誕
節。

默想與討論

　　本段經文的大屠殺，為現代讀者最難接受的部分，難怪
馬丁路德深閉固拒地說：「我對本書深惡痛絕，但願它不存
在，因其猶太色彩太濃，又有太多異教的惡念。」它與今日
基督教博愛思想和寬容精神更是背道而馳。雖說這是「以其

人之道，還治其人之身」但手段毋寧是太殘暴了。

可是，現代讀者要知道，這畢竟是一部歷史傳奇小說表達被壓迫的少數民族理想化的心聲，正如詩篇一三七篇寫被擄的猶太人如何想望巴比倫的嬰孩也如法炮製地被摔在磐石上，腦漿迸裂，如此方消心頭之恨！這類復仇文學的焦點在於得救、勝利，而非在於屠殺、搶掠。猶大人並未追求暴力，而是暴力找到他們；他們若不小心應對，自己就要滅亡。在過程中，猶大人已由被壓迫的哀哀無告的難民身分，搖身一變，成為所向披靡、打遍天下無敵手的常勝軍（另參岳飛〈滿江紅〉詞：壯志飢餐胡虜肉，笑談渴飲匈奴血）。相反，那些想要毀滅猶大人的，作法自斃，自己反被消滅。

九章⑳～㉘節　訂定普珥日

⑳末底改記錄這事，寫信與亞哈隨魯王各省遠近所有的猶大人，㉑囑咐他們每年守亞達月十四、十五兩日，㉒以這月的兩日為猶大人脫離仇敵得平安、轉憂為喜、轉悲為樂的吉日。在這兩日設筵歡樂，彼此餽送禮物，賙濟窮人。

㉓於是，猶大人按著末底改所寫與他們的信，應承照初次所守的守為永例；㉔是因猶大人的仇敵亞甲族哈米大他的兒子哈曼設謀殺害猶大人，掣普珥，就是掣籤，為要殺盡滅絕他們。㉕這事報告於王，王便降旨使哈曼謀害猶大人的惡事歸到他自己的頭上，並吩咐把他和他的眾子都掛在木架

上。26照著普珥的名字，猶大人就稱這兩日為「普珥日」。他們因這信上的話，又因所看見所遇見的事，27就應承自己與後裔，並歸附他們的人，每年按時必守這兩日，永遠不廢。28各省各城、家家戶戶、世世代代紀念遵守這兩日，使這「普珥日」在猶大人中不可廢掉，在他們後裔中也不可忘記。

作者回到原來的讀者群中，仿如白頭宮女述說「天寶遺事」，亞哈隨魯乃一世之雄也，而今安在哉？普珥節既已成為猶太曆上的假日，作者細說以斯帖和末底改的故事本末，解釋普珥日及其名字的由來。末底改所記錄的這段經文是為普珥節找理據，來與摩西五經的節期分庭抗禮。就如修殿節（Hanukkah）乃紀念馬加比反抗西流古王朝的勝利，雖然不是出於五經，但卻出於猶太人歷史的具體事實。

20這事：新譯本、思高：「這些事」，可指整個故事的原委，也可能單指最近的一些事件，說明為何有兩天的普珥日。

24掣普珥，就是掣籤：普珥（pûr，複數：pûrîm，即26節的「普珥〔日〕」），籤之意（參三7註釋）。

25這事報告於王：現中：「以斯帖到王那裡〔懇求〕」；NRSV, NIV邊註：when Esther came before the king。

27歸附他們的人：包括後來入猶太教的人。永遠不廢：普珥節與列於摩西五經中的節期相提並論，平起平坐，但其

分量總不如後者，因非「順乎天」的誡命，而係「應乎人」的紀念；故此，作者特別耳提面命，代代相傳，永遠不廢。從這句話看來，似乎在作者的時代，有人不太願意守普珥日。

默想與討論

在今天的普珥日，猶太人大唱普珥歌紀念上帝拯救他們出幽谷而遷於喬木（參Gordis, 93－97；有關現代猶太人慶祝普珥日的特色，參附錄十二「現代普珥節」）：

第一首歌

祂打敗了異邦列國的設計，粉碎了他們的陰謀詭計。

當時亞瑪力人傲慢的一支、邪惡的哈曼興起攻擊我們。

他以財富誇耀自掘墳墓，他的高位使他作繭自縛。

他設下陷阱，自己掉進去，

他計畫毀滅，自己反被消滅。

哈曼顯示祖先的仇恨，挑起親人敵對兄弟。

他忘記掃羅的慈悲，由於掃羅對亞甲的一念之仁，敵人便出生。

惡人計畫毀滅義人，但不潔的人在聖潔的人手中被捕。

末底改的功勞勝過掃羅的錯誤，而哈曼的罪行混合了亞瑪力人的原罪。

他隱藏他的陰謀詭計，專心一志計畫邪惡。

他伸手阻擋上帝的聖者，出錢除掉他們的記憶。

當末底改看到邪惡傳開，哈曼詔書已在書珊宣布，他披麻蒙灰，悲傷禁食。

誰將興起救贖錯謬，為我們祖先的罪求赦？

棕樹開花，哈大沙〔即以斯帖〕起來叫醒沉睡者。

她的使女快去給哈曼倒酒，使他喝下蛇的毒液。

他以財富發跡，而以罪惡跌倒，他被吊在自製的木架上。

當哈曼的普珥〔單數〕變成我們的普珥〔複數〕，震驚天下。

義人從惡人手中逃脫，敵人反倒消滅。

哈曼及其子在木架上終遭報應。

上帝啊，猶太人每年發誓慶祝普珥，求祢接納末底改和以斯帖的禱告。

第二首歌

雅各的玫瑰燦爛喜悅，當人們看到末底改穿上紫色朝服。

祢在世世代代為他們的救主、盼望。

祢的表現，讓凡仰望祢的不至失望；凡信靠祢的，

也不羞愧。

　　咒詛哈曼，他想破滅我；祝福猶大人末底改。

　　咒詛細利斯，我敵人之妻；祝福以斯帖，她是我的
盾牌；願哈波拿也永遠被紀念！

九章㉙～㉜節　以斯帖命守普珥日

　　㉙亞比孩的女兒──王后以斯帖和猶大人末底改以全權
寫第二封信，堅囑猶大人守這「普珥日」，㉚用和平誠實話
寫信給亞哈隨魯王國中一百二十七省所有的猶大人，㉛勸他
們按時守這「普珥日」，禁食呼求，是照猶大人末底改和王
后以斯帖所囑咐的，也照猶大人為自己與後裔所應承的。㉜
以斯帖命定守「普珥日」，這事也記錄在書上。

　　末底改下令叫人守普珥日，顯然不很成功，因此以斯帖
特追加此信，囑咐守節。

　　㉙亞比孩的女兒──王后以斯帖：以斯帖上一次被提及
是在九章⒀節請求延長屠殺一日，並將哈曼之子懸首示眾。
那時以斯帖是聖戰的女主角，而末底改充其量只是配角而
已。如今以斯帖「以全權寫第二封信」（現中：「亞比亥的
女兒──王后以斯帖也寫了一封信。以王后的權威支持末底
改……的信」）。她在故事的開端是「末底改叔叔亞比孩的
女兒，就是末底改收為自己女兒的」（二⒂）；在故事的末

了，她已經攪和了猶大人的傳統和波斯的位分，成為「亞比孩的女兒——王后以斯帖」了。第二封信：這是緊接著末底改的第一封信，所做追加的第二封信（寫信者的身分可參現中）。

[30]**用和平誠實話**：以斯帖寫這封信時心平氣和，並無威嚇味道。

[31]**呼求**：思高：「哀歌的吟詠」；現中：「哀哭」。**和王后以斯帖**：思高沒有這幾個字（參AB）。

[32]**記錄在書上**：這句話顯示作者寫以斯帖記的時候，另外還參考了一些記錄在案的資料。

默想與討論

以斯帖在聖經歷史上的角色真是光輝燦爛，她不僅在拯救上帝的百姓一事上扮演重要角色，而且獲得寫詔書（當然是假手於文士）的權柄，正如哈曼和末底改一樣。以斯帖向末底改報恩，使他升官發財，並且在末底改的第一封信之上再寫一封。世上沒有一個由女人確立的宗教節日到今天還存在。聖經中的婦女如撒拉和哈拿都是以母性聞名天下，而以斯帖卻是以「女君王」的角色照耀史冊。

第十章

[1]～[3]節　末底改位極人臣

　　[1]亞哈隨魯王使旱地和海島的人民都進貢。[2]他以權柄能力所行的，並他抬舉末底改使他高升的事，豈不都寫在瑪代和波斯王的歷史上嗎？[3]猶大人末底改作亞哈隨魯王的宰相，在猶大人中為大，得他眾弟兄的喜悅，為本族的人求好處，向他們說和平的話。

　　本書以歌頌末底改為結尾。他不像其他暴得大權者，過河拆橋，頓忘貧賤之交，他有了榮華富貴，仍為同胞所愛戴，為大眾謀福利，為整個民族求幸福。

　　[1]**進貢**：亞哈隨魯王國勢升高，四海來朝，應是一幅四海昇平的圖畫。但「使……進貢」原文直譯是「強徵稅收」，這與早期以斯帖封后，寡人龍心大喜而減賦徭背道而馳（二[18]）。是否經過幾年之後，國庫空虛而有此舉，不得而知。

②**歷史**：再一次提到王宮中的正式檔案。

③**向他們說和平的話**：即關心族人的福祉（參思高）。末底改不但位極人臣，炙手可熱，更可貴的是，他得到人民的尊敬。他利用此尊貴機遇為人民謀福利，就像約瑟當年所做的一樣（創四十七⑬～㉖）。

默想與討論

不過，到了第十章，卻是由末底改出來「謝幕」。當事過境遷，生活恢復正常後，末底改繼續使用他的權位，為人民服務。當日哈曼大權在手的時候，末底改仿如仇敵眼中的猶太人之王；今天末底改掌權了，他成為象徵性的猶大人之王，繼續在異邑為人民謀福祉。

補錄己

（加插在十③之後）

末底改回想夢境

①末底改說：「是上帝使這一切事情得以發生！②我想起了我對這一切作過的夢。那夢的每個細節都一一應驗：③小泉變成了大河，並有曙光和太陽，還有洶湧的水。以斯帖就是那條大河，王與她結婚並立她為后。④兩條龍就是哈曼和我。⑤萬民就是聚集起來要消滅猶大人名號的群眾。⑥我

的民族就是以色列，以色列向上帝高聲呼救，就得到拯救。上帝拯救了祂的人民！祂把我們從所有災厄中拯救出來，在萬民中做出空前的奇蹟和異舉。⑦因此上帝制定了二籤：一籤為祂的選民，一籤為其他民族。⑧這兩籤在指定的日子和時辰出現，上帝為萬民做出裁決的時刻也到了。⑨上帝紀念祂的選民，為祂的產業做出辯白。⑩所以，在每年亞達月十四和十五日，上帝的選民都要聚集在祂面前，懷著歡喜和幸福之情舉行慶典，直到世世代代，永永遠遠。」

希臘文版本註語

在托勒密王與克麗佩特拉王后在位第四年，有個名叫多西修斯的人，自稱是祭司利未人，帶來了有關普珥節的上述信件。他與其子托勒密聲稱這信件是真實可靠，是托勒密之子耶路撒冷人利修馬該翻譯的。

以斯帖記的希臘文版本出現於兩約之間的時期（托勒密王與克麗佩特拉王后在位第四年，即公元前一一四年）。「補錄己」為以斯帖記的壓軸，充滿了啟示文學色彩。如果「補錄甲」是摘要，「補錄己」便是尾聲，前後互相輝映，為以斯帖記的希伯來文版本做了序言和結語。雖然這些補錄顯得有些畫蛇添足，但正說明希臘化時期散居各地的猶太人，在異邑王朝統治下的心聲。那時他們沒有王，一個在朝

為官的猶大人正好作為靠山。末底改提供了他們仰望和效法的對象，直傳了好幾代。

　　本書的尾聲以末底改出面謝幕，剛好呼應「補錄甲」的夢境，順便向讀者解夢並交代。就文學的角度而言，以斯帖是如假包換的主人公，她的舉足輕重、一言一行都影響著整個事件的發展，但在整個偉大的救恩故事中，以斯帖和末底改的角色是很難分開的：

　　1. 假如末底改沒有轉告二豎密謀，他以後就無法得到獎賞；但假如以斯帖沒有封后，末底改的功勞也可能被遺忘。

　　2. 末底改若不拒絕向哈曼折腰，危機就不會發生；但若以斯帖未得王的硃批親點寵幸，也就沒有人替她的百姓代求。

　　3. 末底改說服以斯帖違例見王；但是王和哈曼的衝突是以斯帖一手設計的。

　　4. 以斯帖若不認末底改為至親，他就得不到王的印信；但若無末底改詔書，哈曼的死亡詔書將如願以償。

　　5. 因為末底改位極人臣、炙手可熱而改變猶大人的命運；但若以斯帖未替他們求情，他們就都死無噍類矣！

　　即使到了本書結尾，仍然難以完全區分二人對於訂定普珥節所扮演的角色和權柄。可以說，他們是綠葉牡丹，相得

益彰。在希伯來文聖經中，以斯帖和末底改的名字出現次數差不多（以斯帖五十五次，末底改五十二次）；但七十士譯本似乎有意提高末底改的曝光率：包括六個補錄，以斯帖的名字出現了四十六次，末底改則有五十四次。原因可能是末底改的盛名在希臘化時期已經登峰造極，也可能因托勒密王朝時期的猶太人有意與當時克麗佩特拉王后保持距離。

參考書目

　　清末民初學人梁啟超有云：「為學當自書目始。」最近逝世於赫遜河畔（Hudson River）的宏觀歷史家黃仁宇在談到他的近作《赫遜河畔談中國歷史》所引用的書目，大可以上溯至四書五經、二十五史，以至世界通史、文明史、經濟史等，無所不包，上下古今，縱橫千里，完整地重現「歷史上長期的合理性」（long-term rationality of history）視野下中國人謀求改造的艱難軌跡，也展現了作者令人心折的誠意、才華和氣魄。但以鷹隼銳利的眼光視之，近如費正清、李約瑟等英美學人的大作也不取，因為時間、篇幅以及迫切的相關性（relevancy）考量，都可以「三過其門而不入」。王國維在《人間詞話》裡對文學三種境界的闡述亦可用之於書目的整理上：

　　一、面對浩如煙海的參考書，學者不免有「獨上高樓，望盡天涯路」的徬徨，就像約翰福音的作者感觸：「耶穌所行的事還有許多，若是一一地都寫出來，我想所寫的書，就是世界也容不下了」（二十一25）；何況「著書多，沒有窮

盡；讀書多，身體疲倦」（傳十二⑫），累人累己都不好。

二、要緊的是，集中精神，排擋一切，上窮碧落下黃泉，動手動腳找東西，不到黃河不死心，因此「衣帶漸寬終不悔，為伊消得人憔悴」！

三、最後就是水到渠成，終於達到目的，找到要找的東西：「眾裡尋他千百度，驀然回首，那人卻在燈火闌珊處！」這也是約翰寫福音書的目的：「但記這些事，要叫你們信耶穌是基督，是神的兒子，並且叫你們信了他，就可以因他的名得生命」（二十㉛）。事實上，「耶穌在門徒面前另外行了許多神蹟，沒有記在這書上」（二十㉚）。可見在沙礫中找到金礦，讀書的高明處就是要披荊斬棘，從中找到一條出路。

筆者年輕時曾攻讀加州州立大學人文學科碩士課程，其中最大的收穫就是曾經高人——歷史學教授——的指點，如何選擇參考書目，在決定引用這些汗牛充棟的參考資料之前，要先評估作者的權威性，亦即，為何「弱水三千，我僅取其一瓢」？其中要過濾的包括作者的專長、經歷及學術地位、相關著作等，決不是逢書必錄，有目必登，侈談數目取勝。去蕪存菁、廣採精選的參考書目才能派上用場。有些括弧內的資料，僅具路標作用，蜻蜓點水，以示負責；該書若與以斯帖記註釋本身沒有太大關係者，便不出現在參考書目內，以免尾大不掉，分不清何者是「主要的」參考資料。

大凡讀書的方式有蜘蛛式的、螞蟻式的和蜜蜂式的三

種：蜘蛛式的，全靠一己的功力，結網自縛，掠人之美，但一切均以自我為中心，不參考他人，別人也沒有置喙之餘地；相反，螞蟻式的，則一生經營，孜孜矻矻，積蓄收藏，貪多務得的都是別人的東西，雖然囤積雄厚，但沒有一樣是自己原創的東西；最高明的當然是蜜蜂式的，「採得百花成蜜後」，不管是「為誰辛苦為誰甜」，已經能夠融會貫通，甚至脫胎換骨，而釀成一家之言。

英文書目*

Ackroyd, Peter R. *Exile and Restoration.* Old Testament Library (OTL). Philadelphia: Westminster John Knox, 1968.

Alter, Robert, and Frank Kermode. *The Literary Guide to the Bible.* Cambridge, Mass.: Belknap, Harvard U. P., 1987.

Anderson, Bernhard W. "The Place of the Book of Esther in the Christian Bible," *Journal of Religion* (JR) 30 (1950): 32 – 43.

Andrews, Gini. *Esther, The Star and the Scepter.* Grand Rapids: Zondervan, 1980.

Ashkenazi, Eliezer. *Yosef Leqah,* in *Megillat Esther 'im Perush Ha-Gr'a Ha-Shalem* [Elijah, Gaon of Vilna], ed. Chanan

＊粗體字是本書引用時的簡稱。

David Nobel, Jerusalem, 5752/1991.

Baldwin, Joyce G. *Esther: An Introduction and Commentary.* Tyndale Old Testament Commentary (TOTC). Downers Groves, Ill: InterVarsity, 1984. 以斯帖記的歷史、神學和結構的逐段註釋。（中譯：包德雯著，《丁道爾舊約聖經註釋：以斯帖記》，校園，1999。）

Berg, Sandra Beth. *The Book of Esther: Motifs, Themes, and Structure.* Society of Biblical Literature Dissertation Series （SBLDS） 44. Missoula: Scholars, 1979. 指出猶太人的命運，不單耶和華要負責，他們自己也有責任。

Bergey, Ronald L. "Late Linguistic Features in Ester," *Jewish Quarterly Review* (JQR) 75 (1984): 66－78.

Berquist, Jon L. *Judaism in Persia's Shadow*. Minneapolis: Fortress, 1995.

Bickerman, Elias. "The Colophon of the Greek Book of Esther," *Journal of Biblical Literature* (JBL) 63 (1944): 339－62.

——, *Four Strange Books of the Bible: Jonah, Daniel, Koheleth, Esther*. New York: Schocken, 1967.

Breneman, Mervin. *Ezra, Nehemiah, Esther*. New American Commentary (NAC). Nashville: Broadman & Holman, 1993. 以本書為歷史的訓詁和神學之逐節註釋。

Brenner, Athalya. "Looking at Esther through the Looking Glass," *A Feminist Companion to Esther, Judith and Susanna*, ed.

Athalya Brenner, Feminist Companion to the Bible (FBC) 7, Sheffield: Sheffield Academic, 1991, 71−80.

Bronner, Leila Leah. "Esther Revisited: An Aggadic Approach." *A Feminist Companion to Esther, Judith and Susanna*, ed. Athalya Brenner, FCB 7, Sheffield, Sheffield Academic, 1991, 176−97.

Bush, Frederic. *Ruth/Esther*. Word Biblical Commentary (WBC). Dallas: Word, 1996. 以文學手法探討本書的風格和言論，全書分場景和插曲，含希伯來文的註腳和詳實的參考書目。

Clines, David J. A. *The Esther Scroll*. Journal for the Study of the Old Testament Supplement Series (JSOTSup) 30, Sheffield: JOST, 1984. 逐節的註釋，根據 RSV 的經文，含引言討論正典、歷史性及其他文學作品對以斯帖記的影響。

──, *Ezra, Nehemiah, Esther*. NCBC. Grand Rapids: Eerdmans, 1984. 言簡意賅的大眾化聖經註釋。

Cohen, Abraham D. " 'Hu Ha-goral': The Religious Significance of Esther," *Judaism* 23 (1974): 87−94.

Collins, John J. "The Court-Tales in Daniel and the Development of Apocalyptic," *JBL* 94 (1975): 218−34.

Craig, Kenneth. *Reading Esther: A Case for the Literary Carnivalesque*. Literary Currents in Biblical Interpretation (LCBI). Louisville, Ky.: Westminster and John Knox, 1995.

Crawford, Sidnier W. *Esther*. New Interpreter's Bible (NIB) Vol. III. Nashville: Abingdon, 1999. 新版的 NIB 以斯帖記註釋，資料非常豐富，含緒論、註釋和評論。

Crenshaw, James L. "Method in Determining Wisdom Influence upon 'Historical' Literature," *JBL* 88 (1969): 129－42.

Dillard, R. D., and T. Longman III. "Esther," *An Introduction to the Old Testament*. Grand Rapids: Zondervan, 1994, 189－97. 討論本書正典、歷史性及文學架構。（中譯：狄拉德、朗文合著，《21世紀舊約導論》，校園，1990。）

Fox, Michael V. *Character and Ideology in the Book of Esther*. Columbia, S. C. : Univ. of South Carolina, 1991. 超越一般註釋，尚有人物春秋、主旨探討、哲學沉思，含三種版本對照。

Gordis, Robert. *Megillat Esther: Introduction, New Translation and Commentary*. New York: Ktav, 1974. 含流暢的英譯，適合個人靈修及會堂使用。其引言和註釋廣受猶太人歡迎，含普珥節的儀式禮文。

Jobes, Karen H. *Esther*. New International Version Application Commentary (NIVAC). Grand Rapids: Zondervan, 1999. 非常實際及貼切的福音派註釋書，含原文內涵、過渡意義及當今應用。

Klaperman, Rabbi Gilbert. *Purim*. New York: National Jewish Welfare Board, 1954.

Levenson, Jon D. *Esther: A Commentary.* Louisville, Ky. : Westminster and John Knox, 1997. 猶太學者精心研究的力作，包含最近的學術成果、閱讀心得並希臘文補錄的註釋。

Luther, A. Boyd, and Barry C. Davis. *God Behind the Seen: Expositions of the Books Ruth and Esther.* Grand Rapids: Baker, 1995. 適合大眾化閱讀的以斯帖記軼聞風貌。

Moore, C. A. *Esther.* The Anchor Bible (AB) 7B. New York: Doubleday, 1971. 又一本典型的以斯帖記的好參考書，含歷史性探討及正典問題商榷。書目頗富價值，惜稍逾時。

——, *Studies in the Book of Esther.* New York: Ktav, 1982. 日記式的以斯帖問題討論。

Paton, L. B. A *Critical and Exegetical Commentary on the Book of Esther.* International Critical Commentary (ICC). New York: Charles Scribner's Sons, 1908; repr. 1976. 資料豐富，令人百讀不厭的老書，包含別處沒有的歷史資料，尚有亞蘭文的以斯帖記譯文。

Pierce, Ronald W. "The Politics of Esther and Mordecai: Courage or Compromise? " *Bulletin for Biblical Research* 2, 1992.

Ryken, Leland. *Words of Delight: A Literary Introduction to the Bible.* Grand Rapids: Baker, 1987.

Vos, Howard F. *Ezra, Nehemiah and Esther.* Bible Study

Commentary (BSC). Grand Rapids. Zondervan, 1987. 為大眾寫的以斯帖記通俗演義故事。（中譯：華侯活著，《以斯拉記》、《尼希米記》、《以斯帖記》，天道，2000。）

Yamauchi, Edwin M. *Persia and the Bible*. Grand Rapids: Baker, 1990. 詳述與聖經攸關的波斯史。

中文書目

巴斯德（Sidlow Baxter）著，《聖經研究》，卷二，楊牧谷譯，種籽出版社，1975。

丘恩處著，《猶太文化傳統與聖經》，紐約神學教育中心，1999。

——《舊約概論》，基督教文藝出版社，1990。

代彭康、陳邦俊編，《聖經辭典》，陝西人民出版社，1990。

朱筱新著，《中國古代禮儀制度》，臺灣商務印書館，1995。

朱維之、韓可勝著，《古猶太文化史》，北京經濟日報出版社，1997。

艾威爾（Walter Elwell）主編，《證主聖經百科全書》，福音證主協會，1995。

亨利馬太（Matthew Henry）著，《以斯帖記釋義》，張之宜譯，少年歸主社，1985。

希斯德（H. I. Hester）著，《希伯來史精義——舊約研究》，
　　蕭維元譯，浸信會出版社，1972。

亞當斯‧麥基‧雅各（James McKee Adams）著，《聖經背
　　景》，蕭維元譯，浸信會出版社，1972。

哈蕊特‧盧本（Harriet Rubin）著，《女君王論》，王瑞香
　　譯，智庫文化，1998。

約瑟夫著，《猶太古史》，蘇美靈譯，天人出版社，1975。

徐思學著，《舊約概論》，中國基督教神學教育委員會，
　　1998。

馬有藻著，《舊約概論》，中國信徒佈道會，1995。

許鼎新著，《舊約導論》，中國基督教神學教育委員會，
　　1991。

陳瑞庭著，《聖經人地名意義彙編》，中華基督徒佈道會，
　　1950。

陳墨著，《金庸小說藝術論》，百花洲文藝出版社，1995。

麥威康（John McConville）著，《以斯帖記註釋》，周郁晞
　　譯，基督教文藝出版社，1996。

黃仁宇著，《赫遜河畔談中國歷史》，時報文化，1992。

蒲凱撒（W. T. Purkiser）著，《基督教信仰之研究》，楊東
　　川譯，燈塔山出版社，1992。

蔡東藩著，《清史通俗演義》，下冊，台灣世界書局，
　　1976。

羅蘭德富（Roland de Vaux）著，《古經之風俗及典章制
　　度》，楊世雄譯，光啟出版社，1983。

附錄

I：地理背景*

波斯行政體制

在猶太人歸回的背景當中，以波斯帝國為最突出。這個大陸性的龐大組織，包括了以前各大帝國——巴比倫、埃及、赫、亞蘭和亞述——的領土。現在，還繼續逐點逐點的加上愛琴海以北、希利斯本以外的一些土地。在時間上，波斯帝國是承繼新巴比倫帝國的。它東接印度，遠達印度河；北與裡海和黑海交界；西達小亞細亞、愛琴海，進入馬其頓；整個地中海東岸的敘利亞、巴勒斯坦和埃及，都以波斯為宗主國；南接西乃半島、阿拉伯沙漠而達波斯灣。波斯版圖之廣，堪稱空前。

聖經論及波斯的亞哈隨魯王時，說他「從印度直到古實，統管一百二十七省」，這些省份不是微小的政治單位；通常，它們每一個都是一大區域，包括許多民族在內的。每

---

*參《聖經背景》，頁296－299。

省都由一位行政長官（稱為總督）負責民政與軍事，他是波斯王的代表，受王所委派，向王負責維持境內的秩序與民眾的福利。這種關係十分密切，以致後世都認為這些總督都是王子，有權參與國策。這個制度比起巴比倫與亞述來說，是一大進步，因為它不止讓王室與地方首長有密切關係，也推進了相當程度的地方自治。

波斯帝國的最早京都是亞細亞的大邑巴比倫，雖然從前的瑪代人和波斯人，分別集中在厄巴丹那（Ecbatana，即聖經的「亞瑪他」，拉六[2]）和波斯城（Persepolis）。由古列（又稱居魯士）登基之日起，至甘比西斯在位之日止，巴比倫乃世界公認的文化、商業與政治中心。這個地位維持了好幾百年之久。波斯人在繼續以巴比倫為首都的事上，不止尊重所享有的聲譽，也承認它在帝國中的戰略位置。不過，雄才大略的甘比西斯，卻有意另建新都，既在波斯灣的東北隅找到了適當的地點書珊，便在那裡把古代世界最宏大的首都建設起來。聖經提及猶太人被擄與歸回時，屢次提及書珊為波斯的首都，也是王宮的所在地。

書珊城

在書珊城所發現的出土物，表明此城建於極早時代。有人認為人類所知最早聚居地，便是這裡。從環境看來，書珊城對於初民，確有極大吸引力。此城在科阿士比河

（Choaspes，即但以理書八 [2]、[16] 的烏萊河〔Ulai〕）的左岸上，其谷地之肥美，至足驚人。這谷地是由於河水把附近諸山的沖積土帶下來所形成的。其氣候之溫和，早就叫人們樂於長居此地。雖然公元前三千年的巴比倫石碑常常提到此城，但最早的人在什麼時候定居此地，卻無人知道。它的極盛時代，在公元前一千多年時已經達到了。

甘比西斯的功績，就是在於把一個新的書珊城建立起來，去取代巴比倫的國都地位。在這件事情上，他表現了難得的眼光，因為他所選擇的地點，具有巴比倫的一切優點，卻沒有它的缺點。這座城市位於一切大肥沃地區之中，就是印度河流域去的公道所通過。它又不受列強的環伺，也位在全國的中心。東方的一切堂皇華麗處，都做了書珊的裝飾。波斯列王的瑰麗宮殿，都建在這裡。舊約聖經有「書珊城的宮」的一句短語，就足以表明書珊城的光榮了。

許多猶大人住在城裡，擔任了商業、文化和政治上的重要角色。猶大女子以斯帖成為波斯王后的故事，也發生在此城。忠實的猶大人尼希米，就是從此城出發，不辭艱苦，去訪問耶路撒冷，並重建聖城的城牆。但以理也是在書珊城看見了波斯列王和希臘王的異象。一群猶大人，又是從書珊城出發，去取代了撒瑪利亞被擄之民的地位的。最後，罕摩拉比的大碑石，就是載有公元前二一〇〇年，蘇默人和巴比倫人的法典也是從書珊城出土的。書珊城之北，另有一座極富興味的大石，即卑希士頓石（Behistun Rock），是高出四圍

平原一千七百呎的。在這裡，羅倫生（G. H. Rawlinson）曾冒生命危險，把波斯王大利烏（又稱大流士）的三種文字並列的碑記抄錄下來。這驚人事件使到學術界可以讀通古代蘇默人、巴比倫人和亞述人的楔形文字。這碑記就是把這大王統治波斯與世界的功績表揚出來。

聖經對波斯國的正面態度

波斯王坐鎮在書珊，各省的政府負責本省的事務，這個輝煌的政制，使到波斯國的施政，一面極有效率，一面也合乎人道。那些歸回的猶大人在巴勒斯坦所重建的社區，就是在這些地方首長的協助下重建的。這是在波斯的第五省的範圍的，也就是以撒瑪利亞或大馬色為首邑的一省。當時猶大人所回到的地方，在波斯的龐大帝國組織中，只是一塊小地，卻竟能成為幾條國策所眷顧的對象，這不能不說是一件特殊之事。有證據證明，波斯政府實際上予猶大餘民以財政援助。不但如此，聖經中也毫無暗示說猶大人是受波斯人壓迫的。相反地，他們那時與從前在其他主子之下所過的生活相比，他們的生活，毋寧是相當美滿的。

不過，這也與先知關乎古列的預言相合。古列實在是一個負有神祕使命的人。他的出現，是要成就幾件事：第一，他要懲治以色列從前的壓迫者；第二，他要使到猶大的餘民得以歸回祖家（耶二十五⑭，二十九⑩）。這裡所敘述的

猶大人與波斯人的關係是由古列（538 B.C.）時代起，一直到亞歷山大大帝的時候（331 B.C.）。這絕不是偶然的。可見，巴勒斯坦和巴比倫的猶大人，有兩百年之久，是在波斯的統治下，不只得著政治上的保護，並且，至少在名義上，也得著鼓勵，去把那在巴勒斯坦的家園，重建起來。

II：波斯帝國版圖

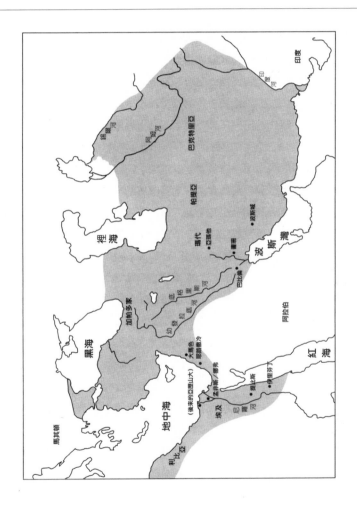

III：歷史背景──瑪代、古列、希臘

　　為了瞭解以斯帖記的信息，我們必須明白本書在聖經和世界歷史中的位置。以色列民族在和平之君所羅門死後，政治力量式微，國土一分為二：北部是以色列國，定都撒瑪利亞；南部較小的猶大國，定都耶路撒冷。其後，以色列在公元前七二二年為亞述人征服，其主要家族遭到放逐。類似的命運降臨到猶大國，征服者是巴比倫的尼布甲尼撒，時為公元前五八六年。這些史實從舊約申命記二十八章看來，深具暮鼓晨鐘的屬靈意義：

　　　　你若不聽從耶和華──你上帝的話，不謹守遵行祂的一切誡命律例，就是我今日所吩咐你的，這以下的咒詛都必追隨你，臨到你身上……耶和華必將你和你所立的王領到你和你列祖素不認識的國去……耶和華必使你們分散在萬民中，從地這邊到地那邊。（⒖、㊱、㉔節）

以色列的流亡者失去了他們的民族認同感（即十個「失

落的支派」），融化成一般的中東人。因此，在北方以色列國，耶和華的敬拜只存在於質樸的農民之間。當亞述人滅城之後，把大批以色列人擄去，又從「兩河流域」遷來大批移民。他們長期共居，逐漸融合，迦南地南部的猶太人稱他們為「撒瑪利亞人」。其宗教半屬猶太教，半屬蘇默宗教。他們只信摩西五經，其他則不奉為經典。波斯帝國時期，猶太人重修聖殿，撒瑪利亞人起來阻撓反對，自此結成世仇。猶太人繼承了更加豐富的猶大國傳統，蔑視撒瑪利亞人，認為後者把迷信混入真宗教裡，故此新約福音書的猶太人不包括撒瑪利亞人。

猶大國的流亡者（統稱猶太民族時，多用「以色列人」）命運則大不相同。在耶路撒冷淪陷（586 B.C.）之前不久，猶大人曾傾力淨化耶和華崇拜，在改革途中，將宗教典籍編成舊約全書，這新編的舊約全書幾乎與現在的舊約全書相同。因此，當猶大國的主要家族流放到巴比倫以後，雖然遠離耶和華的聖殿，但至少可以閱讀和研究聖經，此後稱之為「會堂（synagogue）崇拜」。假如昔日的聖殿崇拜強調上帝的同在，現在的會堂崇拜則強調人對律法的敬虔。信徒每週聚會一次，由拉比講解聖經，取代了在聖殿中舉行的儀式，成為了主要的敬拜行為。這個宗教以後被稱為「猶太教」。

即使在波斯王古列允許流亡者回歸耶路撒冷後（僅少數人回去），在重建的聖殿中舉行的儀式並沒有取代地方性、

每週的會堂敬拜和讀經。但是大多數猶太人不能上聖殿，因為許多猶太人仍舊散居在遠處的異鄉；然而他們保持了宗教信仰，以默想聖經的諾言來加強他們的盼望。

宗教因而與「地域」分開了。猶太人在大部分外表行為上可以與周圍的民族一樣，說不同的語言，穿著與舉止各異，可是他們仍堅持耶和華信仰。簡言之，宗教和人類文化的其他行為分開了。猶太教不再依靠祭司在耶路撒冷的聖殿裡主持儀式，也不需要他的信徒住在一塊兒，遵循或多或少約定俗成的習慣。只要有幾個志同道合的耶和華崇拜者聚在一起讀聖經和默想聖經，猶太教就在那裡了。

在猶太信仰的「終末論」方面，被擄流放也產生了重大影響。預言的特性向來是強調未來世界的撥亂反正，但是在巴比倫的流放經驗，賦予未來更大的重要性。猶太人被迫反躬自問：「為何上帝讓惡人得勢？為何祂如此嚴酷地責罰祂忠實的僕人？」從這些質問中產生兩種答案。有些人像以斯拉和尼希米，強調人們必須順乎天、應乎人，奉行上帝的旨意，因為「欲知苦難因，今生受者是」，大家目前經歷的苦難，顯然是由於人們過去疏忽上帝的旨意所造成的惡果。但是在另一邊廂，尤其是大先知以賽亞，卻提供了一種解說：上帝是在整肅祂的子民，考驗他們的信心和毅力，以期在偉大的「審判的日子」，信賞必罰，酬報那些通過試驗的人，一切的不公將一掃而空（賽三十三22，三十四5）。在這「遺民淚盡胡塵裡」的漫漫長夜中，上帝藉祂的先知耶利

米說出祂的應許：「日子將到，我要使我的百姓以色列和猶大被擄的人歸回；我要使他們回到我所賜給他們列祖之地，他們就得這地為業。這是耶和華說的。」（耶三十3）。這個預言卻是藉一個異族君王波斯王古列（又稱居魯士或塞魯士）才實現，他征服了猶大的征服者，釋放猶太人回到自己的故土，重建家園。

古希臘作家留下了許多關於古列的傳說。希羅多德（Herodotus，約484－424 B.C.）在他所著的《波斯戰爭史》中提到四種傳說，他記載了他認為可信的一種，詳盡、生動地描繪了古列的出生、成長和消滅瑪代王國的故事。古列是古代世界的傑出軍事領袖和政治家。最初，他只是伊朗高原西南隅一個小邦——安鄯（Ansha）——之君。他充分利用當時的有利時機，發揮自己的軍事天才，在短短十幾年消滅了瑪代、呂底亞、巴比倫三個西亞強國，建立了西起愛琴海和地中海沿岸、東抵錫爾河（Jaxartes River）的大帝國，這在當時是空前的。他建立帝國的手段不是專靠武力征服，尤其不像以前的亞述帝國那樣殘民以逞，以用鐵蹄蹂躪戰敗國人民自豪；反而，他往往顯出仁厚，以懷柔政策減輕阻力，達到他兼併的目的。

古列在被滅的瑪代王國的基礎上謀求進一步的鞏固和擴張。那就是在東面保衛國土不受游牧民族的入侵，在西面佔領整個小亞細亞和地中海沿岸各港口，以便伊朗可以直接參與海運。

'　古列的西進政策的首要目標是：使原來臣屬瑪代的亞述、亞美尼亞和小亞細亞東部承認波斯的統治，進一步視呂底亞為下一個攻取的目標。滅呂底亞後，古列轉向小亞細亞沿海各希臘城邦。這些城邦的地理位置對於帝國向外擴展，具有戰略價值，它們的經濟繁榮亦有助帝國的發展。

　　小亞細亞的征討既已完成，約在公元前五四四年，古列轉向帝國東境進軍，所向披靡，建立七城，聯成一道防線。回師後，古列靜候進攻巴比倫的時機。巴比倫原為瑪代的盟邦，瑪代的滅亡，以及公元前五四六年巴比倫駐伊朗的總督叛降古列，使這塊國土在南北兩面都受到威脅。其國內情況亦有利於古列的征服計畫。公元前五三九年春，古列進軍兩河流域，十月初，在底格里斯河西岸的亞述古城奧庇斯（Opis）大敗巴比倫軍。數日後，西帕爾（Sippar）不戰而下，巴比倫的末代帝王拿波尼度（Nabonidus）倉皇辭廟，落荒而逃。十六日，古列的軍隊長驅直入巴比倫城，兵不血刃，未遇任何抵抗。拿波尼度於數日後被俘。兩河流域的歷史至此掀起新的一頁。這個地區從此與伊朗高原密切聯繫在一起，一直持續了幾個世紀（詳參Yamauchi, *Persia and the Bible*）。

　　古列在巴比倫的統治充分表現出政治卓識。他寬容亡國之君拿波尼度，當拿氏在公元前五三八年去世時，他親自表示哀悼。他不以外來征服者的姿態出現，而以本土的合法真命天子自居，採用阿卡得（Akkad）古代習用的稱呼：「余

古列，世界之王、大王、正統的王、蘇默與阿卡得之王、
（世界）四方之王。」他尊重巴比倫的舊例，握瑪爾杜克神
像之手，表示他是巴比倫正統的新王。他把拿波尼度擄到巴
比倫的各城邦的神像送返原地。這些措施深受巴比倫僧侶的
歡迎。在巴比倫被奴役的猶太人把他看作是實現上帝意旨的
牧人。以色列人是在公元前五九七年被巴比倫王尼布甲尼撒
擄到巴比倫的。古列釋放猶大人回歸故國，把尼布甲尼撒當
年從猶大擄得的金銀祭器全部歸還，並讓猶大人在耶路撒冷
重建聖殿。公元前五三七年，四萬二千多猶大人返回巴勒斯
坦。

　　古列的寬厚開明政策大大地提高了他的威望。原來臣屬
巴比倫的敘利亞各邦，都到巴比倫向他表示效忠。腓尼基人
的戰船聽憑他調遣，使得他在小亞細亞各城邦的水軍之外，
又添了一支強大的艦隊。他把敘利亞、腓尼基和巴勒斯坦併
入巴比倫，成為一個大省，叫做巴比路士省（Byblos）。在
這以後，古列從巴比倫返回帝國首都厄巴丹那。九年後，古
列死於東征之役，享年七十。總的來說，他的為人豁達大
度、寬宏大量、靈巧自如。為此，在古代許多的名王中間，
他聲譽鵲起，波斯人稱之為父，希臘城邦稱他為「主人」，
猶大人死心塌地地稱他為「耶和華所膏的古列」（賽四十五
1）。

　　可惜古列之子甘比西斯和大利烏（又稱大流士，558－
486 B.C.）感到必須恢復鐵腕統治，因為地方性的信仰和祭

司的鼓動成為滋生反叛的根源。古列的繼承人遂放棄了他的解放政策，很快便恢復了甚至改進了亞述政府的治術。不過，波斯政權只存在了兩百年多一點，最後在公元前三三〇年滅亡。它並非亡於本土的反叛，而是亡於帝國最西邊、當時尚在半野蠻狀態的馬其頓的手裡。

雖然古列是番邦君主，但他在聖經歷史中，扮演了舉足輕重的角色。當他班師進入巴比倫的時候，猶太人已經被擄到巴比倫足足四十七年之久。他們的心情是「遺民淚盡胡塵裡」，一直渴望有朝一日能夠重返家園，正如先知以賽亞、耶利米和以西結所預言的。在公元前五三九年，古列頒下聖旨，讓猶太人回耶路撒冷重建聖殿，而且動用波斯的資源幫助他們一把。聖經記載了他的諭令：

波斯王古列元年，耶和華為要應驗藉耶利米口所說的話，就激動波斯王古列的心，使他下詔通知全國說：「波斯王古列如此說，耶和華天上的上帝，已將天下萬國賜給我，又囑咐我在猶大的耶路撒冷為他建造殿宇。在你們中間凡作他子民的，可以上猶大的耶路撒冷，在耶路撒冷重建耶和華——以色列上帝的殿（只有祂是上帝）。願上帝與這人同在。凡剩下的人，無論寄居何處，那地的人要用金銀、財物、牲畜幫助他，另外也要為耶路撒冷上帝的殿甘心獻上禮物。」（拉一[1]～[4]）

從對征服國的政策，可以看出古列是卓越的政治家。他不把波斯人的宗教強加於被征服者身上；相反的，他尊

重被征服國的神祇，按照被征服國的宗教行事，使被征服者忘記他是外來的統治者。在這方面，他可以說是亞歷山大的模範。除了耶路撒冷的聖殿之外，他又重建了烏魯克（Uruk）、吾珥和巴比倫的神殿。

無論如何，由於他解放了上帝的百姓，古列是唯一一位在聖經中擁有「我的受膏者」頭銜——如同彌賽亞——的番邦君王。耶和華通過以賽亞昭告耶路撒冷的恢復，說：

〔我耶和華〕論到耶路撒冷說：必有人居住；

論到猶大的城邑說：必被建造，

其中的荒場我也必興起。

論古列說：他是我的牧人，

必成就我所喜悅的，

必下令建造耶路撒冷，

發命立穩聖殿的根基。

我耶和華所膏的古列……

因我僕人雅各，

我所揀選以色列的緣故，

我就提名召你；

你雖不認識我，

我也加給你名號。

（四十四26、28，五1、4）

由於古列的諭令，前有所羅巴伯，後有以斯拉，跋涉千里到耶路撒冷與上帝的「遺民」復修聖殿和聖城。以斯拉記和尼希米記是敘述猶大人在故土重建家園的血淚史。以斯拉詮釋波斯諸王的仁慈始於古列，這是上帝的仁義施之於自己的百姓，使他們復興（拉九④）。在但以理書中，但以理在古列之年（一㉑）還保持他的官職，可視為前朝遺老，而其所見最後的異象還發生在波斯王古列第三年（十①）。這古列很可能是但以理書九章㉖節的「受膏者」。

　　不過，多數猶大人樂不思蜀，並未回歸故土，以致巴比倫成為今後幾世紀猶太教蓬勃發展的中心。二十一世紀的今天，情況與被擄後的情形頗為類似：雖然可讓移民回歸，但大多數猶太人都住在以色列國境外。這事實令那些選擇賦歸故土的猶太人，和為了各種理由寧可漂流在外的猶太人之間，造成相當程度的緊張和依賴的關係。

　　以斯拉記和尼希米記顯示回歸故土的猶大人因人成事，大大地仰仗波斯的資源。他們經過千辛萬苦，才得以重建耶路撒冷，收回故土；而他們在巴比倫的同胞，生活照常進行，從無間斷。以斯帖記的猶大人，在古列下聖旨後五十年，顯然充耳不聞，選擇走向不歸之路。

　　聖經歷史集中在公元前第五、六世紀的聖殿重建和聖城再造的事上，但那時候世界舞台的焦點顯然並不在此。事實上，打開世界通史，這些事件比起其他天下大事，根本微

不足道。正當猶大人在聖旨的亮光中默想他們和上帝的關係時，印度的瞿曇太子也在菩提樹下，參透了生老病死；中國的哲學家孔丘就在這種濃厚的崇古社會中，誕生於山東省曲阜縣（551－479 B.C.）：巴勒斯坦以西的希臘正處於黃金時代；正當以斯拉和尼希米在孜孜矻矻忙於砌牆時，希臘的伯里克利（Pericles, 495－429 B.C.）正在雅典塑造奠定今日民主政治的基礎的政體。在這些希臘人領導之下，雅典文化和知識影響力達到高峰，大放異彩。與伯氏交遊的君子群中有劇作家索福克利（Sophocles）、歷史家希羅多德和哲學家畢達哥拉斯（Pythagoras）。索氏的劇作（*Oedipus Rex*、*Electra* 和 *Antigone* 等）到今日仍膾炙人口。喜劇作家亞里斯多芬（Aristophanes）也是同時代的巨匠。另外尚有歷史家修斯底德（Thucydides），他撰寫了波希戰爭的來龍去脈。

就在這世紀裡，以斯帖發揮王后的功能；中國正在醞釀著吳越春秋，另外一位傾國傾城的美人西施捧心顰眉，逐漸瓦解吳王夫差的戰意及戒心；希臘的蘇格拉底呱呱落地，他一生矢志追求真理，其精神影響了初代基督教護教士，叫他們風起雲湧地效法景從。畢達哥拉斯不僅當古列頒下諭令時建立了一套「畢氏學派」（Pythagorean School）宗教哲學，他的「畢氏定理」迄今仍為學習代數和幾何的學生奉為圭臬。

我們今天歡欣鼓舞的奧運會脫胎於古代希波戰爭，在猶大人由被擄之地回歸的時候，奧運會已經有兩百年的歷史。

在公元前五二〇年，正當所羅巴伯回到耶路撒冷的時候，一項新的競技——全副武裝的競走——成為了新的比賽項目。西方文化的遺產——政治制度、哲學、數學、運動、藝術和文學——在在都發源於公元前第五、六世紀的雅典。對今日的知識分子而言，伯里克利、蘇格拉底、畢達哥拉斯的大名，毫無疑問比起以斯拉、尼希米和以斯帖更加如雷貫耳。然而無論如何，上帝是在耶路撒冷而非雅典更非中原，揭開其永恆天意的面紗。上帝似乎喜歡在世人以為微不足道的地方，藉著世人以為微不足道的平凡事件，進行轟轟烈烈的救贖偉業。

在古列鼓勵猶大人回歸猶大境之後，他們覺察到或許責罰的時刻已到了終點，正如耶和華的先知所預言的。前文提到，大先知以賽亞為被擄提出了解說，認為上帝是在整肅祂的百姓，考驗他們的耐心和毅力，以期在偉大的「審判日」臨到時酬報那些通過試驗的人。「審判日」就是指世界末日，那時所有不公平將會一掃而光。對於懷抱這種觀念的人而言，目前所受的苦難愈大，審判日的臨近就愈近，而人們更要小心翼翼地順從聖經上所記載的上帝的旨意。

在被擄歸回後，上帝百姓的神學難題是他們的身分與已被破壞的聖約之間的關係如何。畢竟，不是耶和華的先知命令他們重建聖殿，而是一位番邦君主的金口。抑有進者，後者似乎不是出自對耶和華的敬畏，而是由於政治考量。基於此，猶大人不得不停下來想一想：他們如何在這種敬虔與政

治的夾縫之間找到一處安身立命的地方？聖經中屬於回歸後的歷代志上下、哈該和撒迦利亞書，它們的目的是勉強回歸的餘民再接再厲、鍥而不捨地與耶和華再立約。以斯拉和尼希米描寫重建聖殿的過程，以及如何恢復立約所要求的聖殿祭祀儀文，以尋求上帝的賜福。以斯帖記巧妙地處理立約的問題，尤其從那些「不歸耶路撒冷的人」（不管是基於什麼理由）的角度來講這問題。

以斯帖記的故事發生在書珊城（即今天伊朗境內）的波斯王宮中。波斯王亞哈隨魯（意思是尊貴王）的希臘名字是薛西斯（Xerxes，一般歷史書皆如是稱之，即顯赫之王），此名得自希羅多德的《波斯戰爭史》。該史書成於薛西斯之治（486－465 B.C.）後二十五年。公元前四八〇年，大利烏之子和王位繼承人薛西斯，召集了六萬波斯大軍，企圖一舉攻下希臘，可惜功敗垂成。約二十個鬆散的盟邦，在斯巴達的領導之下，拒絕屈服。當薛西斯的軍隊南下，雅典人民因兵臨城下而被迫撤離；然而，希臘人一日不投降，波斯人的零星勝利一日也無法取代師老無功的殘酷事實，最後他們只好鳴金收兵回波斯去。第二年春天再舉，又在勃拉地（Plataea）遭遇希臘人頑抗，激起雅典人同仇敵愾之心，在戰艦所到之處，若干愛奧尼亞（Ionia）的城市揭竿而起。此後，波斯人再不敢進犯希臘，但是敵對情勢一直拖到公元前四四六年。

正當波希戰爭呈現膠著狀態時，被擄的猶太人高賦《歸

去來辭》。雖然這兩大勢力主導了中東歷史長達數個世紀，聖經中的以斯拉記、尼希米記和以斯帖記卻隻字未提這回轟轟烈烈的世紀大戰。我們幾乎僅從希羅多德的一面之詞獲得波希大戰的全貌。不過希氏並沒有狹隘的民族「沙文主義」傾向，他推崇希臘，稱頌雅典，嚮往奴隸民主政治，但卻不意味他對波斯一概否定。其時希波雙方早已偃旗息鼓，他對波斯並無惡意地口誅筆伐。他所反對的只不過是波斯人入侵希臘的不義之舉，及其君主專制。他有時甚至把波斯王描繪成英雄，特別表揚其三傑：大利烏、薛西斯和亞達薛西，並對波斯文化讚美有加。薛西斯在希羅多德筆下是一位高大俊美的波斯國君，又是雄才大略、運籌帷幄的統帥，更是一善妒的情人，媲美舊約中的大衛王。可惜薛西斯英年早逝，在臥榻之側遭親信暗殺。

IV：舊約最後三卷歷史書──以斯拉記、
尼希米記、以期帖記的涵蓋時期

舊約最後三卷歷史書：以斯拉記、尼希米記和以斯帖記，都是記載猶太人由巴比倫回歸，重建聖殿與耶路撒冷，並在本土恢復自己的國家，所包括之年代約有一百年，自公元前五三六至四三二年。最後三位先知：哈該、撒迦利亞與瑪拉基，均生於這時代，並有份於猶太復興運動。

兩大重建時期：

（一）公元前五三六～五一六年，共二十年：省長所羅巴伯與大祭司約書亞重建聖殿，即重建國民生活的中心（拉三～六章）。先知哈該與撒迦利亞是這時期的人物。

（二）公元前四五七～四三二年，共二十五年：省長尼希米與祭司以斯拉重建聖殿，使耶路撒冷成為設防的城市。先知瑪拉基是這時期的人物，以斯拉記兼述兩個時期的歷史。尼希米記僅記第二個時期。以斯帖記則敘述介於兩個時

期中的歷史。

三次回歸：

（一）第一次是公元前五三六年。與所羅巴伯一同返國者有猶太人四萬多人，攜回自耶路撒冷所擄去的金銀器皿。

（二）第二次是公元前四五七年。與以斯拉一同返國者有男子一千七百多人，婦女孩童是否同行，未詳。

（三）第三次是公元前四四四年。與省長尼希米同行者有武裝衛隊，他們幫助重建聖城，並防衛耶路撒冷。修建費用由國庫支付。

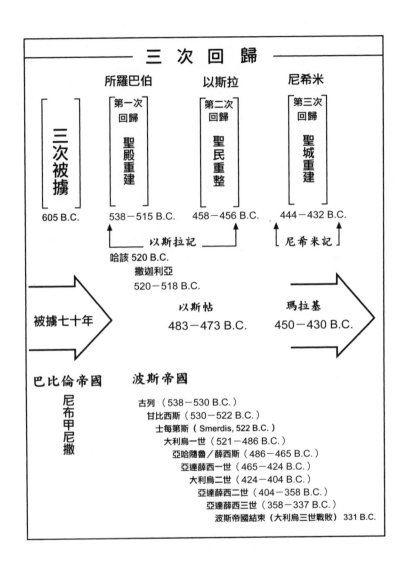

三 次 回 歸

所羅巴伯　　　以斯拉　　　尼希米

第一次回歸　　第二次回歸　　第三次回歸

聖殿重建　　　聖民重整　　　聖城重建

三次被擄

605 B.C.　　538－515 B.C.　　458－456 B.C.　　444－432 B.C.

以斯拉記

哈該 520 B.C.　　　　　　　　　　尼希米記

撒迦利亞
520－518 B.C.

以斯帖　　　　　瑪拉基

被擄七十年　　　483－473 B.C.　　450－430 B.C.

巴比倫帝國　　波斯帝國

尼布甲尼撒

古列（538－530 B.C.）

甘比西斯（530－522 B.C.）

士每第斯（Smerdis, 522 B.C.）

大利烏一世（521－486 B.C.）

亞哈隨魯／薛西斯（486－465 B.C.）

亞達薛西一世（465－424 B.C.）

大利烏二世（424－404 B.C.）

亞達薛西二世（404－358 B.C.）

亞達薛西三世（358－337 B.C.）

波斯帝國結束（大利烏三世戰敗）331 B.C.

V：公元前六至五世紀的西方世界

公元前六世紀

597年　巴比倫王尼布甲尼撒攻耶路撒冷，猶大王約雅敬出
　　　　降。尼布甲尼撒立約雅敬的兒子約雅斤為王，不久又
　　　　把約雅斤廢掉，立約雅敬之弟西底家為王。

594年　雅典執政官梭倫（Solon），建立公民會議跟司法陪
　　　　審制度，首創平民參政和陪審團，是雅典對人類文明
　　　　最偉大的貢獻之一。

588年　猶大王西底家背叛巴比倫，尼布甲尼撒圍耶路撒冷。

586年　耶路撒冷陷落，尼布甲尼撒挖出西底家雙目，下令焚
　　　　城，把猶太人全部擄到巴比倫當奴隸，猶大國亡。

549年　波斯帝國崛起，滅裡海南岸瑪代帝國，兵力益強。

546年　（雅典第二次和平會議舉行）呂底亞王國和波斯帝
　　　　國，在提力亞（Pteria）會戰，呂底亞王國大敗。又
　　　　在首都撒狄城外會戰，呂底亞的戰馬看見波斯的軍用
　　　　駱駝，既怪又臭，驚駭狂奔，遂又大敗。國王克里薩

斯（Croesus）被擄，呂底亞王國亡。

539年　（第三次和平會議）古列攻陷巴比倫城，巴比倫帝國亡。古列定都書珊，釋放巴比倫擄掠的猶大人返耶路撒冷，猶大人在巴比倫為奴四十八年。

509年　羅馬王國改建為共和國，建立執政官和元老院。開始信史時代。

公元前五世紀

500年　希臘南部諸城邦組「伯羅奔尼撒聯盟」（Peloponnesian League），推斯巴達（Sparta）為盟主。

490年　第一次波希戰爭爆發，波斯大敗。

480年　第二次波希戰爭爆發，波斯海軍覆沒。

479年　第三次波希戰爭爆發，波斯大將馬都尼（Mardonius）被俘，從此波斯再沒有力量西進。

477年　希臘諸城邦組「提洛聯盟」（Delian League）以防波斯。

469年　希臘哲學家蘇格拉底出生。

450年　羅馬公布十二銅牌法。

431年　第一次伯羅奔尼撒戰爭爆發，延續十年，雅典不能支，乞和。

427年　希臘哲學家柏拉圖出生。

415年　第二次伯羅奔尼撒戰爭爆發，延續十二年。

404年　第二次伯羅奔尼撒戰爭結束，雅典戰敗，城被拆除。
　　　斯巴達命三十人組織政府，史學家稱「三十暴君時
　　　代」。

VI：波斯人的宗教——
祆教（又稱拜火教）

　　就在猶太教形成的時候，美索不達米亞的東側，另一個宗教運動在紀元前到達了緊要關頭。瑣羅亞斯德（Zoroaster）所倡導的波斯宗教改革和猶太教的發展不同，波斯宗教是一個偉大先知獨力創立的，這位先知拋棄並公然抨擊其民族的傳統而希望創新一切。現代印度的祆教徒，他們的宗教可以上溯瑣羅亞斯德，但是他們之間的傳衍關係，卻已晦暗不明了。例如，在這些印度祆教徒所保存的宗教經典中，究竟有哪部分是瑣羅亞斯德本人的著作，現在已經無從稽考了。那些經籍中最古老的部分是用波斯語晦澀的形式寫成，其中有許多章節對於現代的學者來說仍然是個謎。

　　因此，瑣羅亞斯德所創的宗教，其細節很難知道。甚至，他在何時何處傳教也引起爭論。唯一無可爭議的是波斯王大利烏（歿於486 B.C.）曾經引用瑣羅亞斯德語句於其銘刻之中，反映大利烏本人是信徒。大約在大利烏的時候，祆教的教義還在初創階段，其時波斯人開始帝國的征討。波斯

人身處在一個變動的世界中，祆教教義就是想把這個變動世界加以解釋和規律化。

瑣羅亞斯德所傳的神祇，是高妙和抽象的。他宣揚一個無上的、無形的和宇宙性的神祇阿呼拉萬事達（Ahura Mazda）的光榮。萬事達與罪惡的本原黑暗之神阿利曼（Ahriman）進行廣大無邊的鬥爭。每一個好人的責任，是加入光明的一邊，並且遵守萬事達神透過先知瑣羅亞斯德所傳達的教訓，包括舉行適度的祭禮（殺生的祭祀是斷然禁止的）以及對其他人交往時遵守道德。瑣氏許諾今生的幸福與身後的不朽。他似乎相信世界的末日將在適當的時候來臨，其時萬事達將宣布勝利，降下淨化的金屬洪流以吞沒惡人。最後，光明的力量──神聖、天使般和有人性的──都將在勝利中永享歡樂。

祆教只限於在波斯人中間傳播；即使在波斯人中，似乎僅有貴族和朝臣擁護祆教。例如，在薛西斯／亞哈隨魯（歿於465 B.C.）之後，波斯君主留下的神祇和觀念與瑣羅亞斯德的教義（根據現代學者所重建的）互相矛盾。因此，完整的祆教即使在波斯宮廷，似乎也不能長久。然而，由古列所建立、大利烏所鞏固的波斯政治勢力，使得祆教至少為波斯人治下的不同民族所籠統地認同。因此，後來猶太教中的某些特徵，如以斯帖記善惡對決的觀念和對於惡人如焚般地激怒定罪，或許是由祆教借來，或為祆教所影響的。

祆教不像猶太教以及猶太教的兩個子教──基督教和伊斯蘭教──那樣有改化世界的功業。然而瑣羅亞斯德的教誨

配得與偉大的希伯來先知們並列。在古代中東五方雜處的世界的不確定和變化無常中，它們都提供了宗教上的方向和秩序。瑣氏的二元論，比任何嚴格的一元論信仰，更能有力解釋罪惡。間接源於瑣氏的二元論，因而重複地在猶太教——基督教——伊斯蘭教的傳統中不時出現。但是祆教本身，經過日後大規模的修正，今日僅僅流傳於印度中。

　　按本教創善惡二元論，以火為善神的代表，俗稱拜火教。傳入中國後又稱火祆教。《魏書·靈太后傳》說，靈太后「廢諸淫祀，而胡天神不在其列」。說者以為胡天神即是祆神，如果此說可據，北魏時祆教已開始傳入中國。唐代祆教在長安日益流行，後來唐武宗反佛，祆教同時被毀，祆僧勒令回俗，從此一蹶不起（宋時只有微弱的殘餘）。

VII：猶太曆法

以斯拉記、尼希米記和以斯帖記三書提到之「月份」，不下三十五次，我們不得不瞭解一下。《海萊聖經手冊》說：「猶太人有一個聖年和一個俗年，聖年始於春天，俗年始於秋天。第七個月就是第一個俗月。一年分為十二個太陰月；每十九年中有七個閏年，各閏年為十三個月。」

我們今天說一日，是從日出到日落的，一夜是日落到日出。希伯來人之一天是日落起計，到翌日日落為止。他們計算時間是從早晨六點到晚上六點。晚上第一更是從六時至九時，第二更是九時至十二時，第三更是十二時至三時（雞叫之時），第四更三時至六時。

其月份見下列表：

猶太人月份	一月	二月	三月	四月	五月	六月	七月	八月	九月	十月	十一月	十二月
月名（取自巴比倫曆法）	亞筆或尼散	基烏或以珥	西彎	搭模斯	埃波	以祿	以他念	布勒	基斯流	提別	示巴特	亞達
猶太人節期	逾越節		五旬節				住棚節		修殿節			普珥節
中國陰曆	二月	三月	四月	五月	六月	七月	八月	九月	十月	十一月	十二月	一月
西曆	四月	五月	六月	七月	八月	九月	十月	十一月	十二月	一月	二月	三月

VIII：中國宮怨詩

　　中國歷史上不少宮怨詩都描繪了寵而見棄者的哀苦。漢朝的陳皇后是大家注意最多、歌吟最多的對象。陳皇后出身於顯貴之家，與漢武帝是姑表兄妹，自幼青梅竹馬，兩小無猜，及長被漢武帝「金屋藏嬌」。但隨著後宮美女的增加，漢王見異思遷，衛子夫成了新寵。陳皇后則日漸被疏遠，竟至於被廢，繳回璽綬，遷居長門宮，去過那以淚洗面的孤苦歲月。她不甘就此了卻殘生，以黃金千斤請文豪司馬相如為她寫就一篇〈長門賦〉，擬以文人生花妙筆喚回失去的寵愛：

> ……願賜問而自進兮，得尚君之玉音。奉虛言而望誠兮，期城南之離宮。修薄具而自設兮，君曾不肯乎幸臨。……日黃昏而絕望兮，悵獨託於空堂。懸明月以自照兮，徂清夜於洞房。援雅琴以變調兮，奏愁思之不可長……夜漫漫其若歲兮，懷鬱鬱其不可再更……。

司馬相如不愧是漢賦第一大家，這篇賦將陳皇后幽閉長門宮的孤寂淒苦、期望皇帝寵愛的汲汲若渴之情表現得淋漓盡致，如泣如訴，如怨如慕，怨而不怒，纏綿悱惻，令人不忍卒讀。據說漢武帝讀後很受感動，念起往日情分，一度曾想重修舊好，但終抵不住衛子夫美色的誘惑，還是讓陳皇后在憂鬱中度過她的冷宮生涯。這段故事引起後代文人莫大興趣，以之入詩，傳達寵極而衰的宮女哀怨，形成了一個專有名詞——「長門怨」。

歷史上詠「長門怨」的佳作不絕如縷，並不乏出自詩人以心比心的作品，抒寫了陳皇后幽閉長門孤苦伶仃，形影相弔的淒苦，及欲進不得、欲罷不能的窘態，滿紙淒涼，讀之腸熱。李白也以〈妾薄命〉為題，寫了陳皇后的悲苦遭遇：

> 漢帝重阿嬌，貯之黃金屋。咳唾落九天，隨風
> 生珠玉。寵極愛還歇，妒深情卻疏。長門一步地，
> 不肯暫回車。雨落不上天，水覆難再收。君情與妾
> 意，各自東西流。昔日芙蓉花，今成斷根草。以色
> 事他人，能得幾時好？

詩先從金屋藏嬌的故事寫起，極寫陳皇后受寵時的赫赫威勢，為後來的失勢鋪路。好景不常，盛極而衰，雖殫精竭慮，仍舊改變不了悲劇的命運。長門宮雖僅與皇宮相隔一步之遙，但咫尺天涯，舊情消失，就像雨落下不能再上升、水潑出無法回收一樣。昔日的芙蓉鮮花，如今變成了斷根枯

草，何以臻此呢？詩人以哲理般的警語回答：「以色事他人，能得幾時好？」這是對以色事人者的諷刺，也是對以色取寵者的警告，更是對好色無道者的譴責。千年前的李白能對一個深宮怨婦描寫得這樣深刻，的確是難能可貴。這種寵極而衰的命運悲劇在宮廷中具有普遍性，它像一面鏡子照出了宮廷的罪惡。在這裡，除了皇帝以外，人人都是犧牲品，從未獲寵者如此，寵極一時者也是如此。

IX：中國古代納后禮[*]

　　有關以斯帖入宮見王，在眾少女中脫穎而出的經過，希伯來聖經與七十士譯本都不太詳細，在此參考慈禧太后前身（姓葉赫那拉，是葉赫國的後裔，乳名蘭兒）入宮見駕的情形（蔡東藩著，《清史通俗演義》，頁419），提供讀者想像的空間：

> 　　入宮應選那天，蘭兒早早起身，雖沒什麼華貴的衣飾，但經過刻意裝飾，輕勻粉靨，淡掃蛾眉，仍然顯得婀娜多姿，風流多情。到宮中應選的旗女很多，個個珠光寶氣，光彩照人，蘭兒相形之下有些寒傖，但這並沒動搖她必勝的信念：「咱們走著瞧吧，看看究竟鹿死誰手？」
>
> 　　輪到蘭兒見駕，她不慌不忙，輕移蓮步，微啟丹

＊摘錄朱筱新著，《中國古代禮儀制度》，頁67－71。

唇，緩緩上前給風流皇帝請安。咸豐帝是個風流種，酷好女色，極為挑剔，今天見了幾十個旗女均不甚滿意。正在灰心喪氣之際，忽見這位衣著樸素的女子目含羞澀，面帶嬌容，似愁還怨，似喜還嗔，說不盡的嫵媚，道不盡的風流，不覺看呆了，楞了好大一會兒才回過神來，拿起硃筆在葉赫那拉氏的姓名上重重地畫了一個圓圈。這圓圈決定了她的命運，也決定了大清帝國的命運。

到了咸豐四年，這蘭兒命入紅鸞，緣來福輳，竟居然得邀天寵了。一日，咸豐帝退朝入宮，面上頗有喜色，適值皇后奉太后召，赴慈寧宮，坤寧宮只留下蘭兒一人守家當差。咸豐見她秀外慧中，頗為滿意，當晚即召她進宮侍寢。蘭兒施展勾魂媚術，牢牢拴住了咸豐的心猿意馬，不幾日就被封為貴人，一下子加入了嬪妃的行列。命運之神終於為她打開了第一道方便之門。她從此仗著色藝，竭力趨承，不到一兩年功夫，竟由聖天子龍馬精神，鑄造出一個小皇帝來。咸豐得子，龍顏大悅，晉封蘭兒為懿妃，不久，懿妃又高升一級，戴上了懿貴妃的桂冠，與皇后只剩下一步之差（英文改寫小說另參Gini Andrews, *Esther, The Star and the Scepter*）。

杜佑在《通典》中詳細記載了當代「開元禮」規定的皇

帝納后禮。因為皇帝不可能像百姓那樣去親迎皇后，所以必須委任使者代理負責，於是婚禮在儀式上就有一些不同。依婚禮的程序分為：臨軒命使、納采、問名、納吉、納徵、告期、告廟、冊后、命使奉迎、同牢等儀式。臨軒命使，是皇帝在太極殿冊命執行婚禮的使臣：以太尉為使、宗正卿為副使。並由侍中宣制：「納某官女為皇后，命公等持節行納采等禮。」隨後授使、副使主節、制書。太尉等人領命後便開始為皇帝操辦婚禮，他們乘輅（車），帶著儀仗、鼓吹隊，用車拉著制書，往來於皇宮與后氏之家。

納采的前一天，官吏要在后氏大門側搭一臨時建築，納采這天，太尉一行來后氏家便先在這裡停息。然後再進入后氏家門向主人宣讀制書，主人接受制書後，要向使臣回答表。答文與制書後，要向使臣回答表。答文與制文都用長一尺二寸，寬四寸，厚八分的版書寫，雙方交換完制書、答表後，納采也就完成了；當然，皇帝的禮物中必定有雁。問名、納吉、納徵、告期，也都要進行制書和答表的交換，制書的內容是皇帝向后氏主人請婚；詢問后氏之名、年齡；通告吉兆；授以禮物；通報成婚日期，而答表則按制書內容或作答覆，或表示感恩不盡。告廟，就是將成婚之事及日期祭告宗廟、祖先。

冊后，即冊封皇后之禮儀。與前面的禮儀一樣，也是由太尉等使臣在后氏家中進行的，但儀式更為隆重。這次不僅要為使臣設一臨時停息之處，還要在后氏的閨閣（即繡房）

外為宮中女官搭起帷帳。冊封皇后這天，使臣和副使等先入后氏門外的停息之處，女官則入門內，進入閨閣外的帷帳之中。待通報主人（后氏之父）後，使、副使一行手捧賜封的典冊、備物進入門內。儀式開始，女官入閣，伺奉后氏佩戴宮中事先送來的首飾，更換褘衣（皇后專用的吉服，上繡五色野雞花紋）。在女官的引導下，后氏出閣，立於庭院之中，面向北面，跪拜。宣讀完冊文後，后氏還要接受典冊及信物，於是便正式成為皇后。隨後，她就以皇后身分入座，再接受在場官吏的拜禮，儀式遂告結束。

親迎，即命使奉迎。這天，儀式的隆重程度達到高潮，皇后家內外設置了更多的供各種官員停息的帷帳，及臨時性的建築。皇后出門前，奉迎的官員一律站在大門之外，文官在東，武官在西。通報主人後，使臣等進入門內，宣讀制書，待主人行拜禮，接受制書，回覆答表後，使臣等退出門外。使臣宣布：「令月吉日某等承制，率職奉迎。」（《通典·禮八十二》）。皇后隨即上輦車，在女官侍從及儀仗、衛隊的簇擁之下，浩浩蕩蕩駛入皇宮，從而開始了她的宮廷生活。

這時皇宮內早已陳設停當：在將舉行同牢儀式的大殿門外東邊，面朝南搭起一座皇后臨時的「寢宮」；大殿內西南角也為皇帝架起一座帷帳，地上鋪有很厚的毯、墊、褥；儀式所需的各種禮器、儀仗等均已擺放、布置在特定的位置上。待皇后乘車進入宮內，立刻鐘鼓齊鳴，以告知宮內外，

隨行的儀仗則不進入宮中。皇后被從車上請下後，先入「寢宮」整理好衣飾，再由女官引導到大殿門外，向西站立。這時，官員奏請皇帝入座，女官隨後則再引皇后進入大殿。此後，就由皇帝在前引導，與皇后進到帷帳，分別在南、北二洗（一種較淺的盆）中洗手。與此同時，殿中省（掌管皇帝衣物、用品及日常生活諸事的機構）的官員們很快在帷帳中擺設宴席。帝、后進食中，也須「合卺」，但不像先秦時期那樣吃祭祀的供肉，而是由殿中省官用黍、稷、稻、梁替代祭牲，分別授給帝、后，象徵性地進行「同牢」。

在帝王的婚禮中，受命的使臣每次去后氏家中都有一套固定的儀式。在使臣一行準備進入大門的時候，主人和儐者（僕人）已立於門內。主人先讓儐者出門問使臣：「敢請事？」使臣則根據每次受命的內容回答，如「奉制納采」、「將加卜筮，奉制問名」、「從制納吉」等，於是儐者返回門內，通報於主人。主人則說：「臣某之女若如人，既蒙制訪，臣某不敢辭。」儐者再將此話告於使臣，然後進門引主人出見使臣。這一儀禮雖然是使臣代表皇帝與后氏的父親請婚，但仍表現皇帝的威嚴和居高儰下等權勢。

帝王在整個婚禮過程中，饋送給女家的禮物是極為豐裕的，甚至相當鋪張、豪奢。宋朝時，諸王納妃曾有規定：聘禮，賜女家白金萬兩；納采，羊二十頭、酒二十壺、綵四十匹；定禮，羊三十頭、酒三十壺、綵五十匹、茗（茶）百斤，以及金銀珠寶、緞綾絹綢等物；納徵，金器百兩、綵千

匹、錢五十萬、錦綺羅綾絹各三百匹,以及繡金衣裝服飾、
珍珠翠玉、馬、羊、酒等物。這絕非一般官僚及百姓所能相
比。而他們所納妻妾並非普通民女,一般百姓家絕不可能享
這分「殊榮」。

X：眷顧的教義[*]

　　以斯帖記沒有提及上帝，但卻肯定了一個信念：上帝必保護祂的子民。這是神學裡面眷顧的樣板表現：上帝遍在於歷史中，上帝保守祂的子民，上帝統一自然的法則。以斯帖記的註解進行的同時，借此一角來討論眷顧的教義。

　　雖然創造的教義論及上帝與物質宇宙源起的關係，「眷顧」一詞在神學裡常用來描述上帝與世界的現存關係。眷顧是論及上帝的支配、關心和繼續保守宇宙的教義。

一些假設

　　此教義有什麼假設？如果宇宙由上帝創造，我們假設祂繼續與之維持關係，這假設是合理的。這種具體關係是眷顧教義的中心。一位缺席的上帝將無法滿足聖經所暗示的等號因子，以及宇宙的內在理性和外在需求。自然神論不否定起

---

[*]參蒲凱撒著，《基督教信仰之研究》，頁151－156。

初上帝的創造力，不過它主張創造之後，上帝便功成身退，世界便繼續依照不變的因果律自生自滅。這種上帝觀的上帝是完全超越、太上無情、置身度外的「第一因」。

上帝為萬物之因，毋庸置疑，但當強調「第一」時，祂就被視為一連串因果的最早因子——以現在開始，向後延伸到時間的開端，亦即上帝自己。這種看法對目前上帝與宇宙所維繫的關係不公。為了維持一個充分的眷顧教義，必須有三項基本假定：

一、遍在：正如一般有關上帝的教義，眷顧的教義第一基本假定是上帝遍在世界裡。這並不否定祂的超越性，或祂在宇宙產生之前便存在，而是肯定上帝在健行的宇宙中的實際臨格和能力。沒有抽象的「自然」，也沒有自動的「定律」。所謂自然即為上帝旨意的繼續運動，而其定律為上帝運作的恆規。

抽象是一種斷章取義的東西。自然為抽象，定律為抽象，只有置於上帝的運作下，才成為具體或正確地聯繫。天何言哉？而四時行焉；其實這些都應歸功於看顧空中的雀鳥和野地百合花的天父（太六26～30）。超越的極端形式導致自然神論。遍在的極端形式導致泛神論。但兩種極端都無必要。正如一個畫家既「入」於畫中，人卻在畫外；上帝既超越宇宙，但又介入於其過程中。創造者上帝高高在上，扶持者上帝卻無所不在。

二、保守：第二項基本假設是上帝的大能每時刻保守

著大自然及其過程。上帝「用祂權能的命令托住萬有」（來一③）。保羅同樣說：「萬有也靠祂而立」（西一⑰）。「立」字即聯結或維繫一起，上帝按著時間和變化的定律在創造宇宙。「繼續創造」的教義並未如一些人以為會破壞自然率的一貫性。上帝貫徹始終，意欲維護宇宙，這是一貫性的理性基礎，不然就會產生一個自立更生的自然界之矛盾，與聖經教訓大相逕庭。

　　三、統一：第三項假設是自然中的上帝為定律和秩序的基礎。上帝的運作是一致的、理性的、連貫的。沒有定律，我們知道整個生命都不可能生存。每粒沙、每滴水都顯示了成分、結構和動作的精確程式。自然的過程基本上統一，並且大部分可以預測。只要自然循規蹈矩，就會天下太平。駕駛員起飛時信心十足，因為他知道熱力學定律是可靠的。化學家滿不在乎地處理爆炸器材，深信只要按理出手包管沒事。出版商耗費巨資印行年鑑、日曆、地圖，這些都靠地球、月亮、潮水移動的規則。農夫投資肥料和機械，堅信種瓜得瓜，種豆得豆，一本萬利。自然規則的神聖來源，可由上帝向挪亞的美麗應許中看到：「地還存留的時候，稼穡、冬夏、晝夜，就永不停息了」（創八㉒）。

眷顧和神蹟

　　自然規律是否排除了神蹟的可能性？許多哲學家認為如

此。有些神學家也加入搖旗吶喊，拒絕奇事之可能。這種看法基於非常狹窄的自然觀。如果自然就是唯物論說的那樣，當然乏善可陳，只有自然本身能夠加以解釋。但若後者為真——當然不是——排除神蹟因其違背自然律，仍是以沒有奇事為前設的「自然」律。

神蹟的定義依賴人的宏觀。可能許多同意轉瞬之間水變酒為真神蹟的人，也會爭辯熟葡萄產生甜果汁只不過是「自然的」過程，並非神蹟。另一看法認二者皆為神蹟。從有神論的角度，一切皆超然，亦即皆出乎上帝的化工，不管是頃刻的行動或漸進的過程。上帝為葡萄的源頭，正如祂是水缸中酒的來源，但因為熟葡萄熟悉平常，漸進的過程便容易被認為是自然、理所當然；而立竿見影的葡萄汁則為「超然」。故此有人把神蹟定義為違反「自然」定律或過程的行動／事件。

另一方面，若自然的一切都是神蹟，亦即上帝的作為，就沒有理由假設上帝的作為僅限於「自然的」規則和模式。上帝是井然有序的，祂通常、一絲不苟地按自然律「行動」；但祂也自由地、「不按自然律地」加速、過程，或出人意外地表達祂的旨意。把神蹟說成「違反」自然律頗有語病，上帝不違反祂自己的律。如眾所知，神蹟是從已知的自然律脫序的事件或行動。從有神論的角度看來，神蹟是在上帝正規的行為模式以上／以外的上帝的作為。神蹟的概念在任何情形之下都不牴觸眷顧的概念。事實上，上帝不但願意

又能夠超越自然的常規作事，這一點實為眷顧教義錦上添花，又顯示天父的平易近人，而非冷酷無情的「第一因」。

眷顧和祈禱

祈禱和眷顧如何相聯？祈禱的教義有許多豐富的層面。當然禱告不僅是要求索取而已；禱告包含交託、信賴上帝的心態、感情流露。它在增加信心、改變方向和恢復信任方面有主觀的影響，亦加強了可能思想，認定「上帝凡事都能」（可十27）。祈禱是能力的管道。它是敞開的門、靈性的探險、與上帝同工。這些作為與眷顧的教義沒有衝突。

事實上，祈禱的真實性，證實了眷顧本身的真確性。祈禱的行為反映了對上帝關心祂的創造之確信。祈禱可能是神蹟和許多上帝超然作為的關鍵。祈禱無疑是能力釋放的條件，在人類方面和大自然中皆為改變的力量。

聖經中充滿了禱告的能力和可能性之見證。的確沒有其他靈性的操練，更為人津津樂道。就經驗來說，千萬的基督徒喜歡在聖經的見證以外，加上他們自己對禱告力量的體驗。對熟悉上帝作為的基督徒來說，禱告和眷顧絕不齟齬，它們是親密到無以復加的。事實上，沒有禱告的人怎能從個人經驗經歷上帝的眷顧？

聖經作者不相信「關閉的宇宙」。神蹟和禱告都充分地展現在造物的系統中。我們沒有先驗的理由相信上帝是受制

於永恆不變的定律。科學觀察和主觀個人經歷都顯示自然定律並非絕對和不變。起初上帝創造，但祂繼續在自然的架構中運作，而且絕對自然，不受拘束，經常以種種方式來介入自然世界、略過常規模式。啟示、靈性覺醒、人的更新、熱心事主，在在都顯示上帝與祂的世界繼續有力地互動。

說回以斯帖記，故事的脈絡充滿了眷顧的三個因素。猶太人命運的一百八十度轉變，非神蹟而何？末底改、以斯帖和猶太人的宗教行動（禁食）可以配合上帝的眷顧，彰顯上帝無所不能的作為，臨在世界每個角落裡！

XI：十字架酷刑的溯源[*]

古以色列人沒有十字架的刑罰。此刑罰乃由希臘人和羅馬人發明，原本是對付反叛的奴隸，以後蔓延到整個古代世界。亞歷山大・楊紐（Alexander Jannaeus，或譯：亞歷山大・尖牛士）在猶大境內用十字架處決戰敗的法利賽人。行刑地點在城外郊野，木架危危矗立，死囚雙手反綁，被釘或綁在一小型十字木片上，再由繩子升起掛到頂端，或達到架上的嵌口為止。通常男犯背靠十架，面向觀眾；女犯則相反，因為他們都是赤條條一絲不掛，承受人間最大的羞辱。有一個支柱在兩腿間防止身體下墜，以免犯人太早死亡。事實上犯人常延續好幾小時才窒息死亡，臨死前肌肉痙攣，飢寒交迫，任由四周盤旋的兀鷹啄傷皮肉。申命記吩咐不可讓屍體在木架上過夜（二十一22），因此如果犯人輾轉呻吟不死，就打斷他的腿或用矛刺入肋旁，早點結束其痛苦。

---

[*] 摘錄自拙文〈王后復仇記——從豔后談翻譯和十字架〉，《基督教論壇報》，13/12/1987。

這些場面已經慘不忍睹，比起以後的斷頭台和電椅都不相伯仲。猶太人早已有反對死刑的意見。《他勒目》曾列明一些現代律法也闕如的死囚服務，例如，派軍隊輪班保護刑場，萬一司法當局到最後一分鐘想停止行刑還來得及；又讓犯人喝一杯濃酒（參箴三十一6），顯然含有催眠作用的香料溶在酒或醋的飲料當中，亦即耶穌所喝的那種。一些類似中世紀懺悔者的敬虔婦女負責擔任這項「死囚服務」的職務。如果沒有，就由市政府的官員擔任。這是以色列社會對其最卑賤的成員所表示的最後慈悲象徵（參拙著，《箴言》，中文聖經註釋第十六卷，基督教文藝出版社，1998，頁407）。

　　千年以下，猶太人仍稱耶穌為Taluy，即「這被掛的人」，就是申命記二十一章23節所用的片語。這詞乃指十字架的刑罰，與以斯帖記所載的一樣，都是指舊約律法所咒詛的死刑方式──當事人蒙受最大的羞辱，含羞而終。

XII：現代普珥節

　　猶太人在慶祝普珥節的時候，是在早上有會堂崇拜聚會，並宣讀以斯帖記。下午很早就開始設筵歡樂。傳統上，有七件事是他們在這節期必做的：一、宣讀以斯帖記；二、互送禮物；三、布施；四、誦讀律法；五、肅立（Amidah）同誦對神蹟的感謝（Al ha-Nissan）和飯後謝恩；六、普珥節盛筵；七、不舉哀和不禁食。

　　在宣讀以斯帖記的時候，是在會堂唯一可跺腳或敲桌取鬧的機會，就是在凡讀到有「哈曼」名字出現的時候，都可以藉此動作來對他的邪惡表達憎惡。有人會用兩根木枝寫上哈曼之名，或在鞋底寫上哈曼字樣，直到把這名字敲碎，或把鞋底的名字擦光。含義是如申命記二十五章19節的教訓一樣，要將其名號塗抹。但在另一方面，宣讀到哈曼十個被殺的兒子之名字（九7～9）時，卻要一口氣的讀完，藉與箴言二十四章17至18節的提示相稱：「你仇敵跌倒，你不要歡喜；他傾倒，你心不要快樂；恐怕耶和華看見就不喜悅，將怒氣從仇敵身上轉過來。」

但是在晚宴中，他們的歡樂卻是癲狂的：可男扮女裝或女扮男裝，可戴面具或把臉面塗得五顏六彩，亦可狂歌熱舞，並可喝得酩酊大醉。理由是希伯來文的節日歌有兩句歌詞——「祝福末底改」（Baruk Mordecai）和「咒詛哈曼」（'arur Haman）——的字母數值之和同是502（全首歌參頁160的〈第二首歌〉）。因此《他勒目》教訓說：普珥節的筵席要喝至分不清究竟誰是誰了，才算真正的歡樂！

現代以色列有句俗話：「尋宗教？上耶路撒冷！找快樂？下特拉維夫！」為這原因，特拉維夫的普珥節嘉年華會，甚至延續到第三日！正因為他們要在這節期狂歡，所以禁止在過節期間說或唱「哈利路亞」！（參Klaperman, *Purim*；丘恩處著，《猶太文化傳統與聖經》，頁108～109）。

後記

　　前年（二〇〇〇年），可以說是中國文學史上最光輝的一年，有兩本文學巨著被提名諾貝爾獎：一本是高行健的《靈山》，因已獲獎，各方著墨頗多，在此不贅；另一本是李敖的《北京法源寺》，因係舊遊之處，特別引起我的注意。

　　《北》書為「文化老頑童」李敖一改其嘻笑怒罵、玩世不恭的舊調，大筆一揮，以一個古廟為背景，將康有為、梁啟超的變法及譚嗣同從容就義的故事寫得栩栩如生，穿插一些傳奇人物如大刀王五與黃興、蔡松坡、李小力等人，可以說是高潮迭起、變化萬千，不愧為經典之作。作者的自我評價說這不是「小說」而是「史詩」。

　　在人物的觀念中，「史」是「真」，而「詩」則是虛構的，屬「奇」。以斯帖記的「史詩性」，正是說它是形式上的史與詩的結合，亦即實質上的真與奇的結合。正如荷馬史詩，表面上是神話般的傳奇故事，骨子裡卻是史詩的內容。

　　以斯帖記的註釋由簽約到完成，恰好經過八個春天，

早期醞釀、蒐集，遲遲不敢動手，一直到近來轉戰南加州，才有機會貫徹始終。自提筆之日起，即認定這是一本相當成熟的歷史小說作品。在全世界有猶太人會堂的地方，每年都當眾誦讀以斯帖記一次，使散居在各國的猶太人有一種向心力。

為了詮釋以斯帖記，不得不拜讀各種著名註釋書，其中印象最深刻的是學者所推介的一九二〇年代的蘇聯文學家巴克汀（Mikhail Bakhtin, 1895－1975）之《文學的嘉年華會》（*Literary Carnivalesque*）。只要不被他一連串的新詞彙如：異語彙（hetero-glossia）、對話錄（dialogism）、時空倒錯（chronotope）、獨語彙（monoglossia）等嚇跑了，便可以駕輕就熟地掌握一個「峰迴路轉」、「天翻地覆」，和「掀天揭地」的文學世界，一嘗「山窮水盡疑無路，柳暗花明又一村」的經歷。

世事如棋局局新，人生也免不了許多禍福相倚、環環相扣的境遇，以斯帖紀事本末所提示的不僅是攸關一個民族存亡絕續的「天意」，即便是個人的生活、動作、存留也可作如是觀。

二〇〇二年初春於哈崗

王后復仇記

作者◆楊東川

發行人◆施嘉明

總編輯◆方鵬程

主編◆葉幗英

責任編輯◆王窈姿

美術設計◆吳郁婷

校對◆趙蓓芬

出版發行：臺灣商務印書館股份有限公司

臺北市重慶南路一段三十七號

電話：（02）2371-3712

讀者服務專線：0800056196

郵撥：0000165-1

網路書店：www.cptw.com.tw

E-mail：ecptw@cptw.com.tw

局版北市業字第 993 號

初版一刷：2013 年 5 月

定價：新台幣 300 元

ISBN 978-957-05-2829-9

王后復仇記／楊東川著. --初版. -- 臺北市：
臺灣商務，2013. 05
　面　；　公分.

ISBN 978-957-05-2829-9（平裝）

1. 以斯帖記　2. 聖經研究

241.294　　　　　　　　　　102005870